UM OLHAR FILOSÓFICO SOBRE A RELIGIÃO

PAULO SÉRGIO LOPES GONÇALVES
(Organizador)

Um olhar Filosófico sobre a Religião

EDITORA
IDÉIAS & LETRAS

Diretor Editorial:
Marcelo C. Araújo

Editor:
Edvaldo Manoel de Araújo

Coordenação Editorial:
Ana Lúcia de Castro Leite

Copidesque:
Leila Cristina Dinis Fernandes

Revisão:
Paola Goussain Macahiba

Diagramação:
Simone Godoy

Capa:
Alfredo Castillo

Editora Idéias & Letras
Rua Pe. Claro Monteiro, 342 - Centro
12570-000 Aparecida-SP
Tel. (12) 3104-2000 - Fax (12) 3104-2036
Televendas: 0800 16 00 04
vendas@ideiaseletras.com.br
www.ideiaseletras.com.br

Dados Internacionais de Catalogação na Publicação (CIP)
(Câmara Brasileira do Livro, SP, Brasil)

Um olhar filosófico sobre a religião. - Aparecida, SP: Editora Idéias & Letras, 2012.

Vários autores.
Bibliografia
ISBN 978-85-7698-140-4

1. Cristianismo 2. Religião – Filosofia I. Gonçalves, Paulo Sérgio Lopes.

12-00498 CDD-210.1

Índices para catálogo sistemático:
1. Filosofia da religião 210.1
2. Religião: Filosofia 210.1

Sumário

Introdução

Paulo Sérgio Lopes Gonçalves

A religião é uma realidade universal do homem, experimentada por ele no decorrer de sua vida. Por ser experiência constitutiva da vida humana, a religião penetra a cultura e, por conseguinte, as estruturas socioculturais nas quais o homem vive. Por possuir essa característica, a religião corresponde ao encontro do homem com a divindade ou divindades, trazendo à tona um processo comunicativo que dá consistência à religião.

Com isso, não se pretende afirmar que o homem é religioso para combater a visão de que a religião é passível de desaparecimento ou de que a questão da divindade é algo ultrapassado e isento de sentido e utilidade para o homem contemporâneo, detentor da ciência moderna e destinatário de seus benefícios. Pretende-se afirmar que o caráter universal da religião, pertencente à vida humana, não pode ser concebido sem que se compreenda a cultura e o modo social de vida em que o homem está inserido. No entanto, a religião ocupa também lugar de resposta às questões acerca do sentido da existência humana. Assim sendo, a religião apresenta duas dimensões que configuram o homem: a sociocultural e a existencial. A primeira corresponde ao modo como o homem realiza a experiência religiosa, estabelece a relação com a divindade e infere elementos para sua vida social e para sua produção cultural. Esses elementos incidem no comportamento moral e no estabelecimento de instituições que o consolidam social e culturalmente. A segunda corresponde à existência humana identificada como sentido da vida do homem. Ter sentido é dar razão à existência, ao estar no mundo, ao fazer-se presente no mundo, constituído pela presença humana concebida em sua pluralidade e pela natureza que circunda propriamente o homem. Nesse dinamismo existencial, o homem se vê diante do divino, com potencial de relação, e, por conseguinte, preocupa-se com o modo de essa relação se efetivar.

Na relação com o divino, o homem possui a capacidade de nomear essa mesma divindade, estabelecendo com ela uma relação pessoal de apropriação e de abertura relacional – relação que pode ser de mera submissão, propiciando o simples cumprimento de ordens, ou de diálogo, em que o homem simultaneamente é interpelado e faz seus apelos a seu interlocutor. Disso resultam a institucionalização das experiências confessionais e a liberdade das experiências religiosas que são autônomas em relação às instituições religiosas. Com isso, tem-se a pluralidade de experiências religiosas que se configuram em um elemento comum: a experiência do encontro com o divino.

Esse elemento comum possibilita compreender as razões da análise filosófica da religião. Na história do pensamento, a religião já foi analisada filosoficamente, mediante a metafísica, pela qual emergiu a teodiceia, identificada com a teologia natural. No entanto, a teodiceia não possui como escopo principal a análise da experiência religiosa, mas a compreensão filosófica da divindade e de outros elementos que dessa compreensão possam decorrer: o mal e seu combate contra o bem. Por isso, atribuiu-se unicamente à teologia a tarefa de estudar e discorrer postulados inerentes à religião. A era moderna, porém, propiciou que a história das religiões e, posteriormente, a sociologia da religião, as ciências da religião, a ciência da religião e as ciências das religiões, cada qual com seu estatuto epistemológico, tomassem a religião para análise, sem que isso significasse a superação da teodiceia ou a eliminação da necessidade da análise filosófica.

Mas o que é propriamente a análise filosófica da religião? É, antes de tudo, análise filosófica, e não única e exclusivamente uma análise filosófica de segunda importância – uma filosofia segunda. E, por ser análise filosófica, não se reduz à análise de alguma das ciências supramencionadas, nem tampouco se concentra em um elemento de caráter ôntico. O escopo de uma análise filosófica da religião é pensar a religião como experiência da relação do homem com o divino, que apresenta uma configuração de sentido vital a esse mesmo homem. Assim, ao analisar a religião, a filosofia se preocupa com o todo da experiência religiosa; um todo que implica o homem em sua busca de sentido, em seus nexos vitais, na condição de quem está mergulhado no mundo em que habita e que se abre ao que se designa divino.

A importância da filosofia da religião na era contemporânea reside na importância da filosofia inserida em um contexto pós-moderno, marcado por paradoxos, por crises de sentido da existência, pela fragmentação do pensamento, por mudanças comportamentais profundas, pelo advento da ciência em diversas vertentes, pelas quais se aponta para a emergência de uma realidade pós-humana. Com isso, a filosofia não pensará a religião mediante uma via fragmentada da ciência nem esgotará sua análise na questão da divindade – o que é função da teodiceia –, mas se encaminhará para uma situação analítica de pensamento meditativo, com centralidade antropológica e mundana, transcendendo a confissão religiosa e a tentação de reduzir a religião à situação do indivíduo humano que abdica da dimensão social dessa mesma religião.

Estando assegurada a identidade filosófica da filosofia da religião, há de se afirmar ainda que ela não é concebida univocamente. Uma de suas marcas é a pluralidade, compreendida como diversidade de possibilidades de se efetivar sua respectiva. Tem-se, então, uma filosofia da religião consoante à diversidade de modos de produção de filosofia. Além disso, há ainda sua configuração como disciplina filosófica, embora, enquanto na análise filosófica da religião, sua configuração transcenda o *status* de disciplina.

A partir dessas pressuposições, o presente livro surgiu em sua função da universalidade e, por conseguinte, da complexidade da religião, bem como da necessidade da análise filosófica da religião, respeitando sua pluralidade, efetivando a opção por um modo ou uma perspectiva de elaboração filosófica e distinguindo-a de outras possibilidades de análise científica. Neste sentido, objetiva-se neste livro apresentar a relevância e a pertinência da filosofia da religião e a perspectiva hermenêutica de análise como forma de análise filosófica da religião.

Para atingir esse objetivo, o livro está estruturado em quatro textos, escritos por diferentes autores, todos comprometidos academicamente com a filosofia. O primeiro artigo, escrito pelo Dr. Paulo Afonso de Araújo, docente-pesquisador da Universidade de Juiz de Fora, do Estado de Minas Gerais, intitula-se "O estudo filosófico da religião" e tem por objetivo apresentar os diversos conceitos de filosofia da religião. Para atingir seu objetivo, o autor apresenta histórica e filosoficamente a estruturação da filosofia da religião, afirmando ser Kant o responsável pela consolidação dessa filosofia como disciplina, constituída de dois círculos concêntricos: sendo um da religião revelada e outro da religião racional ou natural. Em um segundo momento, o autor discorre sobre a autonomia da filosofia da religião em relação à metafísica e à lógica, reflete sobre a possibilidade de ela ser filosofia segunda ou não, distingue-a das ciências da religião e da teologia das religiões e afirma o caráter crítico e inquietante da análise filosófica da religião. Em um terceiro momento, apresenta a relação entre filosofia e religião, expondo a concepção de diversos filósofos. Afirma também o modo como a religião se encontra com a representação de Deus e a maneira como nela se move, e como a filosofia penetra a representação religiosa e alcança dialeticamente o conceito propriamente de religião. Em seu último momento, o autor apresenta a perspectiva hermenêutica, pela qual a filosofia da religião se centra na análise da experiência religiosa, admite o pluralismo e se efetiva por seu caráter dialógico, por conceber a verdade como redescoberta e clarificação constante, que se apresenta já na origem da religião e se efetiva na fusão dialógica de horizontes. Assim sendo, a filosofia da religião é a expressão da relação hermenêutico-dialógica entre filosofia e religião.

O segundo artigo, intitulado "Deus está morto: A religião na perspectiva de Nietzsche", escrito pelo Dr. Rogério Miranda de Almeida, docente-pesquisador da Pontifícia Universidade Católica do Paraná, insere-se no conjunto do livro para analisar de maneira específica a religião: a maneira nietzscheniana. O objetivo do autor é apresentar o modo pelo qual Nietzsche concebe a religião, não atribuindo ao filósofo a responsabilidade específica de seu caráter analítico, mas inferindo do conjunto de sua obra elementos de uma filosofia da religião. Para atingir seu objetivo, o autor estrutura seu texto, a partir da afirmação de que o pensamento de Nietzsche deve ser analisado em três momentos ou períodos: o niilismo e a morte de Deus; o niilismo, a vontade potência e arte trágica; e o caráter paradoxal da morte de Deus. Na distinção e na unidade, esses elementos possibilitam a compreensão do modo de inferir uma análise filosófica da religião nesse pensador. Com isso, o autor situa Nietzsche como um crítico da metafísica distante e desvinculada da vida humana, apresenta o niilismo como um estado de espírito ativo e passivo em que, simultaneamente, os diversos valores estão destruídos e construídos, analisa a vontade de potência como vontade transbordante e afirmativa, e desenvolve a morte de Deus, não como um ateísmo no sentido clássico do termo, mas como crítica à metafísica e possibilidade de uma nova aurora.

O terceiro artigo, intitulado "A experiência religiosa à luz da fenomenologia hermenêutica", é escrito pelo Dr. Paulo Sérgio Lopes Gonçalves, docente-pesquisador da Pontifícia

Universidade Católica de Campinas, Estado de São Paulo. Seu objetivo é apresentar uma análise heideggeriana da religião, conforme um curso ministrado por Heidegger em 1920-1921. Para atingir seu objetivo, o autor descreve o contexto filosófico em que surgiu o pensamento de Heidegger, apresenta o conceito de filosofia da religião, identificando a filosofia com a fenomenologia, em que o caráter histórico da experiência de vida é acentuado e colocado como crucial para se efetuar uma análise fenomenológica da religião. Em seguida, o autor apresenta uma análise heideggeriana do livro X das *Confissões* de Santo Agostinho, em função do caráter presenteísta e vivencial de tal livro, para se inferir a maneira como o pensador de Hipona faz sua experiência religiosa. Dessa análise, emerge o conceito "cuidado com a vida", para afirmar que a religião é uma experiência efetiva de vida. Por último, o autor apresenta o caráter contemporâneo da análise fenomenológica da religião feita por Heidegger, aludindo a conceitos que, posteriormente ao curso supracitado, o filósofo alemão desenvolveu. Assim sendo, a religião não está distante da filosofia e a análise filosófica da religião é uma análise fenomenológica, realizada em perspectiva hermenêutica.

O quarto artigo, intitulado "Paul Ricoeur e o significado hermenêutico da linguagem religiosa", é escrito por Walter Ferreira Salles, também docente-pesquisador da Pontifícia Universidade Católica de Campinas. Seu objetivo é afirmar, mediante a argumentação de Paul Ricoeur, que o fenômeno religioso é um fenômeno linguístico e, por conseguinte, o artigo se desenvolve inteiramente na centralidade da linguagem religiosa. Por isso, o autor articula filosofia e linguagem religiosa, desembocando na ideia da centralidade da antropologia filosófica nessa articulação e na importância dos gêneros literários. Em seguida, apresenta a hermenêutica como textual, simbólica e da ação, analisando conceitos relevantes, tais como "homem capaz", "desconstrução", "apropriação" e "texto". Por último, o autor expõe a hermenêutica da linguagem religiosa, distinguindo o sentido de referência, conceituando a compreensão a partir da ideia de mundo do texto, caracterizando os textos religiosos e apresentando a verdade como manifestação, e não como imposição descritiva e dogmática. Por isso, a linguagem religiosa apresenta uma verdade resultante da articulação entre linguagem e experiência, o que, consequentemente, torna possível que as tradições religiosas efetuem um diálogo capaz de explicitar novas possibilidades de linguagem religiosa, denotativa da verdade como autêntica manifestação.

Ao encerrar a obra, "palavras finais" foram proferidas, não para encerrar o assunto ou o próprio livro, mas para apresentar sucintamente seus pontos principais e motivar o diálogo com outras formas de pensar este elemento pertencente à vida humana que é a religião.

Para manter um caráter de abertura e de respeito a todos os autores, manteve-se a singularidade metódica de cada um, possibilitando a manifestação da diversidade, sem que isso signifique ignorância científica e ausência de unidade formal. Espera-se que os artigos colocados neste livro possibilitem que seus leitores se inquietem e atentem para o sentido filosófico da religião, vinculada à vida e à emergência cada vez mais humana do homem.

I. O estudo filosófico da religião

Paulo Afonso de Araújo

I

A abordagem filosófica sistemática da esfera religiosa é uma criação do pensamento moderno. Na verdade, a filosofia da religião tornou-se historicamente necessária quando as doutrinas e instituições religiosas da tradição judaico-cristã se encontraram em dissídio com o mundo moderno, engajado no processo iluminista de libertação do homem.

Contudo, este fato não significa que a antiguidade clássica e o pensamento cristão, antigo e medieval, não tenham elaborado muitas reflexões referentes ao tema religião que inspiraram e continuam a inspirar a filosofia. Na antiguidade clássica, alguns autores, como Platão, Aristóteles e Plotino, oferecem-nos amplas e fundamentais considerações filosóficas sobre Deus; outros, como Xenófanes, Epicuro e Lucrécio, elaboram notáveis reflexões críticas às crenças religiosas supersticiosas, frutos da ignorância e do temor destinados a desaparecer à luz da ciência. Mas falta à antiguidade clássica a consideração do tema religião como um âmbito particular de investigação, como um lugar originário de manifestação da verdade, capaz de estimular a própria reflexão filosófica. Assim, neste período, a filosofia tem de fato o predomínio sobre a religião.

A antiguidade cristã, por sua vez, apresenta uma novidade indubitável: a religião pretende atingir uma fonte de conhecimento que a coloca em uma situação de superioridade com respeito à filosofia grega, não apenas no campo da salvação, mas também no campo próprio da verdade. A religião considera a filosofia como propedêutica para a fé e utiliza suas categorias para melhor pensar a si mesma, sem com isso sentir-se no dever de submeter a própria fé a uma crítica racional autônoma. Ela considera que a fé deve ser o árbitro supremo e indiscutível do pensamento filosófico. Desta forma, o pensamento cristão antigo – mas também medieval – oferece-nos uma hermenêutica dentro da tradição, mas não chega jamais a uma hermenêutica da tradição e a uma verdadeira e própria filosofia da religião. Isto não impede que o pensamento cristão antigo nos ofereça importantes análises da experiência religiosa vivida – com Santo Agostinho, por exemplo – que permanecem pontos de referência imprescindíveis para toda reflexão sobre o fenômeno religioso.

A Idade Média, sobretudo com São Tomás de Aquino, apresenta o surgimento da consciência metodológica da distinção e autonomia relativa de filosofia e teologia, razão e fé, natureza e graça, colocando as bases para a efetiva autonomia, tanto do pensamento filosófico moderno quanto do pensamento teológico cristão. De fato, porém, a investigação filosófica concernente a temas religiosos se desenvolve dentro do âmbito teológico e com finalidades essencialmente teológicas, sem que o dado religioso seja submetido como tal a uma investigação filosófica. Assim, mesmo se muitas argumentações de São Tomás puderem ter um valor racional em si mesmas e, desta maneira, constituir um material precioso para uma filosofia da religião, não é possível uma verdadeira e própria filosofia da religião no sentido moderno do termo.

O caminho próprio da filosofia da religião é indicado pela primeira vez por Immanuel Kant, que pode ser considerado, em sentido próprio, como o verdadeiro iniciador da filosofia da religião. Contudo, a expressão *philosophy of religion* parece ter sido utilizada pela primeira vez por Ralph Cudworth, em 1678, na obra *The True Intellectual System of the Universe.* E muitos estudiosos de filosofia da religião costumam colocar o início dessa disciplina na obra *Tratactus theologico-politicus*, de Baruch Spinoza, publicada em 1670. De fato, em 1794, na segunda edição de *A religião nos limites da simples razão*, Kant exemplifica seu projeto de uma consideração da "religião nos limites da simples razão" com uma rica imagem, de compreensibilidade imediata e fecundos desenvolvimentos: imagina dois círculos concêntricos, sendo o primeiro, menor, representado pela religião racional, do qual a filosofia é capaz, e o segundo, maior, representado pela religião revelada, sujeito à articulação teológica.

A busca kantiana de reconhecer e determinar os "limites" da razão no nível cognoscitivo-fenomênico sustenta-se em sua noção de limite (*Grenzen*), entendido não como barreira

(*Schranken*) insuperável que fecha hermeticamente, permitindo que se veja apenas em seu interior (o mundo empírico dos fenômenos), mas como confim que também abre a uma outra e diversa dimensão (o *noumeno*, o ideal da razão, a totalidade incondicionada...); dimensão esta que não é passível de conhecimento, mas que deve ser pensada devido à constitutiva "tendência metafísica" da razão humana e ao interesse do próprio conhecimento fenomênico (uso regulador). Trata-se de uma posição de equilíbrio difícil e precário, em que se caminha sempre como sobre uma sutil camada de gelo suspensa entre dois abismos: de um lado, o abismo da recaída no puro empirismo, que representa para Kant a mais amarga abdicação da razão e só pode terminar no ceticismo; de outro, o abismo do mergulho sem regras no suprarracional e no transcendente onde ela, desconhecendo seus limites naturais, seria condenada ao xeque-mate e à impotência.

Desta maneira, o pensamento religioso de Kant se enquadra na noção de limite e na polaridade de conhecer e pensar que anima e agita todo o seu projeto de crítica da razão; projeto traçado nas três célebres perguntas que Kant enuncia no "cânon da razão pura": "O que posso saber? O que devo fazer? O que me é permitido esperar?". Sendo que a primeira questão é respondida com a delimitação do âmbito do conhecimento, na *Crítica da razão pura* (1781). A segunda, na *Crítica da razão prática* (1788), com a concepção da absoluta autonomia e obrigatoriedade da lei moral: a autonomia da lei moral não admite a heteronomia da religião, mas lhe abre espaço; espaço válido apenas no nível prático, não naquele cognoscitivo, sendo que a existência de Deus e a imortalidade da alma são postulados da razão prática, não objetos de conhecimento. Para a moralidade, com efeito, é até mesmo necessário que Deus e sua majestade não sejam totalmente acessíveis, pois, no caso contrário, nosso agir seria constrangido por tal evidência e não seríamos mais seres livres. E a terceira questão, que trata da esperança, na *Crítica da faculdade de julgar* (1790), com a possibilidade de a resposta ser fornecida pela religião, não em termos cognoscitivos, mas como juízo reflexivo e não como juízo determinante.

No final do itinerário traçado nas três críticas, depois de delimitar o conhecimento humano e definir a autonomia da moral, Kant elabora seu escrito sobre a religião. Ele percebe que a razão ainda se encontra obrigada a reconhecer, além de seus próprios limites, uma problemática fonte heterônoma de sentido, que não pode ser englobada nem eludida e que pode colocar em questão sua conclamada centralidade. Com efeito, Kant, depois de conduzir ao limite extremo a análise da razão crítica, lança seu olhar, para escândalo de seus contemporâneos, sobre o mistério da negatividade, sobre a obscuridade irredutível que se aninha no fundo do coração humano, isto é, naquilo que ele define como o "mal radical". Uma reflexão filosófica sobre a religião que não quer permanecer na superfície – como acontece com o iluminismo ingênuo – não pode ignorar a questão do mal, do pecado original, no qual a religião revelada vê o início da história humana. É necessário levar em conta a religião revelada, mas para tal não se pode confiná-la no âmbito do irracional. Ela deve ter um núcleo de racionalidade, que é o mesmo núcleo de racionalidade da religião natural, e sua relação pode ser representada com os dois círculos concêntricos, em que o círculo mais amplo, que figura a religião revelada, envolve o círculo menor, que figura a religião natural ou racional, coincidindo no mesmo núcleo central.

A margem dos dois círculos concêntricos exprime a correta relação que deve existir entre o âmbito de investigação filosófica e a esfera dos fenômenos religiosos. Neste quadro, a pura religião racional – esfera menor – coloca-se dentro da esfera mais vasta da fé revelada. E o centro em torno do qual giram tanto os elementos da moral racional (que conduzem à admissão do transcendente), quanto os elementos ulteriores, que são próprios da moral bíblica (que em geral caracterizam os comportamentos bíblicos), é constituído pelo sujeito humano. Sujeito humano que é analisado pela filosofia em suas estruturas transcendentais e dotado – segundo a reivindicação kantiana – de autonomia moral. Em virtude desta comum referência a uma subjetividade autônoma, os dois círculos que simbolizam a religião da razão e a religião revelada apresentam-se concêntricos e não excêntricos. Razão e sagrada escritura não se encontram em contraposição, mas a primeira dirige-se à segunda, partindo de questões específicas que a caracterizam e de resultados de investigações que a explicam. O "objeto" de investigação é único, mesmo se diferentemente intencionado, tanto para o filósofo (consciente de seus próprios limites), quanto para o teólogo (exortado a não colocar em antítese irredutível razão e revelação).

É neste sentido que Kant pode ser entendido como o primeiro filósofo da religião em sentido próprio: de um lado, ele não pretende de maneira alguma absorver numa construção meramente racional os fenômenos religiosos em sua multiplicidade e riqueza; e de outro, procura determinar o âmbito em que a abordagem filosófica pode mostrar-se esclarecedora, deixando espaço para aquilo que ultrapassa os limites de investigação impostos pela razão. Seu escopo não é nem reduzir a esfera das atitudes religiosas a um sistema filosófico, sacrificando como não essencial aquilo que aí não cabe, nem, muito menos, colocar a investigação filosófica à serviço da fé. Kant, na verdade, pretende articular, com os instrumentos filosóficos de que dispõe, o específico âmbito a que se dirige, isto é, a religião, consciente de que filosofar é fazer experiência de uma alteridade que permanece, enquanto tal, não assimilável, inexaurível.

Assim, a oposição iluminista entre religião revelada e religião natural é reconsiderada em termos de coincidência parcial: coincidência, pois o núcleo racional de uma e outra é uno e idêntico; parcial, pois é um fato a tendência da religião revelada de ultrapassar os limites da razão, o que não significa que ela seja irracional. A tarefa da religião "nos limites da simples razão" é, então, reconhecer e salvaguardar tal núcleo, distinguindo-lhe daquilo que, na religião positiva, é efetivamente contrário à luz da racionalidade. Esta tarefa é bastante arriscada e difícil e conduz o filósofo, quando a investigação o leva às regiões mais distantes e inacessíveis, a admitir que o "excedente" oferecido pela religião positiva pode também funcionar como integração dos puros esquemas da religião racional. Neste caso, segundo Kant, temos a fé reflexiva, entendida como fé em "objetos" transcendentes não passíveis de conhecimento, mas que podem suprir em campo prático a relativa impotência moral do homem enquanto ser finito; fé que, no entanto, não pode ser acolhida em nossas máximas, nem para o uso teórico nem para o uso prático.

II

Como ramo autônomo da árvore da filosofia, a filosofia da religião pode ser entendida como uma filosofia segunda, à maneira da filosofia política, da filosofia da arte, da filosofia do direito... Ela pode, com efeito, ser compreendida como extensão da investigação filosófica pura a setores particulares da experiência humana que, embora autônomos com respeito à investigação filosófica, permanecem abertos, ou até mesmo requerem, uma investigação sobre seus fundamentos, sobre a lógica interna de seus procedimentos ou sobre o significado global de suas múltiplas manifestações. Contudo, esta denominação apresenta imediatamente uma dificuldade inevitável: pressupõe a existência de uma filosofia primeira, puramente teórica e capaz de autofundação autônoma, nos moldes da *Metafísica* de Aristóteles ou da *Lógica* de Hegel. A *Metafísica* é entendida por Aristóteles como ciência das causas e dos primeiros princípios do ser e da realidade. É a ciência do ser enquanto ser e enquanto substância. Como ciência primeira, puramente teórica, ela se distingue das ciências segundas, que são essencialmente de tipo prático ou *poiético*, isto é, dizem respeito à ação ou à produção, e não à pura especulação, e é de per si suscetível de aplicação aos mais diversos campos da vida e do saber. E, mesmo na articulação interna das ciências teóricas ou puramente especulativas, a física e a matemática são consideradas segundas a respeito à metafísica, pois se dirigem aos entes segundo aspectos determinados, prescindindo de outros. Apenas a metafísica, verdadeira filosofia primeira, ocupa-se exclusivamente do ser como tal, prescindindo de seus aspectos particulares ou acidentais. A *Lógica*, por sua vez, é entendida por Hegel como a estrutura profunda de todo o real; como tal, ela pode investigar cada âmbito do real em seu intrínseco articular-se segundo suas leis. O sistema hegeliano, com efeito, funda-se na *Ciência da Lógica* (1812-1816) e articula-se, na *Enciclopédia das ciências filosóficas* (1817), em filosofia da natureza e filosofia do espírito; e nos cursos da maturidade, em filosofia do direito, filosofia da história, filosofia da religião, estética... Onde o todo do saber é considerado não como um simples agregado de partes, mas como uma ciência na qual a parte deve ela mesma ser uma totalidade, como representação da ideia no contexto geral da coincidência de lógica e metafísica. Além disso, a *Lógica* pressupõe uma ramificada e potencialmente infinita variedade de dimensões do mundo e de aspectos da atividade humana que precisam, para sua compreensibilidade, ser interpretados e escrutados por leis eternas e infalíveis, precisamente porque incapazes de autofundação conceitual. Assim, por filosofias segundas, mais do que de regiões da filosofia, entende-se aqui um gigantesco e totalizante estender-se das categorias fundamentais da filosofia primeira às variadas e múltiplas manifestações da realidade, resgatadas dessa maneira de sua resistência ao conceito e compreendidas no horizonte unitário de uma totalidade significante.

Acontece que a ciência moderna paulatinamente podou várias modalidades de filosofias segundas da árvore da filosofia e as constituiu disciplinas específicas, autônomas metodológica e epistemologicamente, dando origem a várias ciências, como a antropologia, a psicologia, a cosmologia, a economia, a sociologia, a política... Este simples dado desmascara de fato a pretensão da filosofia de se constituir na fundação global de todo saber e coloca em crise a ideia de uma filosofia primeira, no sentido acima considerado. Dessa maneira, a situação cultural impõe que se abandone a concepção de filosofia como saber fundamental e superior, capaz de garantir e englobar o aparato categorial no qual devem necessariamente se estruturar em um grande sistema os saberes regionais. A crise da ideia de filosofia primeira – para alguns, a liquidação da própria filosofia – impõe, desta forma, uma revisão da ideia de filosofia segunda.

A modernidade, porém, no que diz respeito a nossa questão, não apenas colocou em crise a ideia de uma filosofia primeira, como representou também, para o homem ocidental, o fim da exclusividade da visão cristã, com a descoberta daquilo que hoje é universalmente aceito: a pluralidade de concepções religiosas e a pretensão de verdade de diversas revelações. As explorações geográficas, com a descoberta do novo mundo, e o aumento de conhecimentos sobre outras populações e costumes levaram progressivamente o homem ocidental à consciência da pluralidade de cultos e religiões instituídas. Além disso, a partir do século XVIII, o maior e mais adequado conhecimento de línguas mortas e a decifração de alfabetos esquecidos trouxeram à luz tanto a diversidade de formas históricas que uma mesma religião assumiu ao longo do tempo, quanto uma série de cultos desconhecidos do mundo antigo. Estas transformações colocaram em questão o privilégio, até então reafirmado e defendido, da revelação cristã em respeito às outras religiões.

Graças a essa ampliação de horizontes (geográficos, históricos e linguísticos), no século XIX tornou-se um dado de fato a multiplicidade não apenas dos fenômenos religiosos, mas também das religiões. E esse fato passou a ser estudado segundo métodos diversos e diferentes interesses, que caracterizavam as disciplinas que, na época, estavam surgindo e que reivindicavam uma cientificidade própria. Assim, surgiram as várias ciências da religião, que procuram estudar, segundo metodologias já reveladas fecundas quando aplicadas a outros objetos de investigação, as dinâmicas e as configurações dos vários fenômenos religiosos. Com efeito, a história, a antropologia cultural, a etnologia, a sociologia, a psicologia, a fenomenologia... dirigem-se, na ótica específica que as caracterizam, também à esfera religiosa. Nasce então a história das religiões, a abordagem antropológico-cultural e etnológica dos eventos religiosos, a sociologia da religião, a psicologia da religião...

Essas várias ciências, não obstante a singularidade de seus diversos métodos, têm como tendência algo em comum: consideram aquilo a que se dirigem, os fenômenos religiosos, como um objeto de sua investigação. Elas se colocam diante de tais fenômenos e os assumem como algo que lhes permanece externo e que não interfere nem em seus procedimentos metodológicos, nem nas convicções e opiniões do estudioso. Através da fixação em forma de objeto do conjunto dos fenômenos religiosos, torna-se possível uma abordagem científica neutra, que busca a independência de qualquer pressuposto injustificado e de toda avaliação do próprio âmbito de estudo. Com efeito, cada ciência dirige-se à dimensão dos objetos religiosos, utilizando uma multiplicidade de métodos que quase nunca se mostram vinculados à específica configuração do tema em questão; os métodos utilizados na investigação da esfera religiosa são aplicados antes de tudo a âmbitos não religiosos.

A investigação científica da religião mostra-se independente de pressupostos confessionais: os fenômenos religiosos são considerados no mesmo nível de outros objetos e investigados com os mesmos métodos. Mas esta neutralidade metodológica carrega consigo o risco de não permitir uma análise adequada da dimensão religiosa em toda a sua complexidade e peculiaridade: a dimensão religiosa é colhida apenas em seus aspectos acessíveis a um observador externo. Nas várias ciências da religião, em outras palavras, aquilo que caracteriza o agir e pensar do homem religioso é reduzido à esfera dos objetos estudados pela psicologia em geral, pela sociologia em geral, pela antropologia em geral... A religião, desta maneira, não apenas é considerada em função de outra coisa, mas, sobretudo, torna-se caso particular de uma consideração mais abrangente do homem e de suas manifestações. Em função disso, as abordagens científicas da religião sempre correm o risco de fornecer uma explicação redutiva dos fenômenos religiosos.

Além dessa dificuldade, as abordagens científicas da religião enfrentam também uma tensão entre a multiplicidade dos fenômenos analisados – a multiplicidade de aspectos das religiões – e a exigência de um conceito unitário daquilo que de forma ampla se pode chamar de religião e que permite reconhecer os fenômenos abordados como religiosos. De fato, toda ciência da religião pressupõe, desde o início de sua investigação, uma determinada resposta à pergunta: o que é religião? Trata-se de uma resposta que se encontra implícita no método que é aplicado no estudo dos fenômenos religiosos: para a psicologia, por exemplo, religião é algo que pode ser estudado (ou apenas pode ser estudado) do ponto de vista psicológico; para a sociologia, algo que deve ser analisado na ótica de sua função social... Desta maneira, a pluralidade de aspectos das religiões não depende apenas da multiplicidade histórica e fenomênica dos vários cultos, mas também é ulteriormente determinada pela abordagem específica que cada ciência adota diante da esfera religiosa; abordagens que fornecem tantas imagens das religiões quantas são as perspectivas metodológicas que lhes permitem suas investigações.

A teologia, por sua vez, que nasceu muito antes das ciências da religião, é caracterizada por uma abordagem diferente. Esquematicamente, podemos dizer que, enquanto as ciências da religião se colocam imediatamente diante de uma pluralidade de religiões, a teologia está necessariamente ligada a uma religião, que para ela não se configura como uma religião entre outras, mas na religião como tal. Apenas em um segundo momento, mas não necessariamente, o teólogo pode colocar-se o problema das relações com outras confissões, histórica e fenomenicamente dadas; temos então, neste caso, a elaboração de uma perspectiva ecumênica ou de uma teologia das religiões. Além disso, enquanto as ciências da religião se colocam diante dos fenômenos religiosos, numa perspectiva externa, considerando-lhes objetos a serem investigados, sem nenhuma referência a pressupostos arbitrariamente assumidos, a teologia configura-se como a articulação e elaboração de conteúdos dados, que devem ser acolhidos e assumidos preliminarmente pelo teólogo. A teologia, com efeito, não é simplesmente estudo de uma determinada religião, mas uma de suas possíveis expressões; como tal, ela é parte essencial do fenômeno religioso. E, finalmente, enquanto as ciências da religião investigam os fenômenos religiosos a partir de uma pluralidade de perspectivas metodológicas que permitem explicá-los, a teologia não pretende reduzir ao próprio âmbito temático o objeto de que fala, mas está sempre atenta a deixar-se guiar e orientar pelo conteúdo que procura articular.

Desta maneira, podemos entender a teologia como a reflexão sobre uma determinada religião, isto é, sobre o conjunto dos conteúdos religiosos que são previamente acolhidos e sobre comportamentos e práticas que a estes se referem; reflexão que se realiza nos termos e nas modalidades de uma atitude religiosa ou que é, de qualquer maneira, dominada por uma atitude religiosa. Se as ciências da religião se colocam sempre diante da esfera religiosa, a teologia coloca-se, ao contrário, em seu interior, implicando desde o início um envolvimento. De fato, as ciências da religião não estão interessadas em um discurso sobre Deus, nem são capazes de tal discurso, pois estudam, com auxílio de seus respectivos métodos, as diferentes atitudes religiosas do homem religioso, tanto como manifestações exteriores (históricas, culturais, sociais...), quanto como repercussões interiores (psicológicas). Na teologia, ao contrário, o discurso é sobre Deus. Trata-se naturalmente de um discurso que é, e permanece sempre, do homem – de qualquer homem religiosamente envolvido, não apenas do teólogo –, sem, contudo, que a dimensão religiosa seja considerada simples expressão de comportamentos humanos; a dimensão religiosa é pensada como a realização de uma relação entre o homem e a realidade última, ou o absoluto.

Na verdade, mesmo na perspectiva da teologia é muito difícil pensar que Deus possa ser considerado objeto de qualquer discurso. Enquanto assunto de investigação, a questão do divino excede toda capacidade humana de colocá-la como tema. Isso porque, de um lado, a linguagem conceitual, que se limita a definir objetos – apenas uma das modalidades possíveis da expressão humana –, revela-se a menos apta à elaboração de um discurso teológico; e, de outro, porque, se Deus se apresentasse como objeto da teologia, a própria relação religiosa correria o risco de ser traída, pois a instauração da relação religiosa não depende do homem, de sua iniciativa ou de sua vontade. Conceber Deus como objeto, com efeito, equivale a atribuir à capacidade representativa do homem – capacidade que, do ponto de vista da religião, dá-se como momento sucessivo e secundário – a responsabilidade da instituição da ligação religiosa. Ora, do ponto de vista do homem religioso, primeiramente se dá a revelação do divino, a autocomunicação de Deus, que antecede a toda possível objetivação que a torna possível.

Desta maneira, a condição para que se possa tentar um discurso sobre Deus, colocando-se no interior da esfera religiosa da qual a teologia é expressão, é a seguinte: unicamente graças ao fato, para usar a linguagem das grandes religiões monoteístas, de que Deus mesmo se revelou, fez-se palavra, ofereceu-se como tema de discurso, o homem tem a possibilidade de Dele falar. E Deus se revelou dirigindo-se a comunidades históricas, fazendo referência a figuras privilegiadas (intermediários ou intérpretes) e comunicando sua mensagem em um texto ou em um conjunto de textos, no qual está codificada, em linguagem humana, sua palavra. Assim, a teologia se configura como a reflexão sobre as modalidades em que Deus se anuncia ao homem e sobre os conteúdos revelados que tornam possível todo discurso sobre Deus mesmo. Ela se apresenta como um saber funcional àquela manifestação preliminar do absoluto, que interessa e envolve o homem religioso. Além disso, ela sistematiza os conteúdos da autocomunicação de Deus, tornando-os ulteriormente comunicáveis e os confronta com as diversas instâncias que animam o pensamento e a práxis humana.

Em suma, a teologia é reflexão sobre a relação religiosa que, por sua vez, se apresenta como atitude religiosa; e é saber que depende, para a elaboração de seus próprios conteúdos, de uma autocomunicação preliminar de Deus, em cujo espaço se inscreve. Sendo assim, a estrutura específica da teologia é circular em razão da dupla ligação, que ela supõe sempre em ato, entre a revelação divina e sua acolhida por parte do homem. Trata-se de um situar-se consciente no âmbito aberto por uma revelação que consente seja à fé de instituir-se como tal, seja ao discurso teológico de desenvolver-se como elaboração, interior à fé, de um fato preliminarmente comunicado. Devido a esta estrutura circular, o discurso teológico situa-se sempre já no interior de uma única perspectiva religiosa e, devido a essa configuração, tem muitas dificuldades em um confronto com as dimensões que excedem esse limite, como as outras confissões, o ateísmo e a indiferença religiosa. Assim, podemos esquematicamente concluir: as ciências da religião se colocam numa perspectiva externa à esfera religiosa e a assumem como objeto de investigação; e a teologia se coloca no interior da esfera religiosa e articula seu conteúdo, considerando-o nos termos de uma preliminar autocomunicação divina.

E a filosofia da religião? A filosofia da religião deve percorrer, através de tentativas e incertezas que caracterizam a história da filosofia, uma estrada diferente. Ela deve evitar tanto os perigos de uma investigação objetivante, risco de colher apenas um aspecto do tema por fixá-lo enquanto objeto, quanto os limites de uma investigação totalmente interior ao âmbito que pretende interrogar, guiada por pressupostos que não podem facilmente ser universalizados.

Respeito à impostação própria das várias ciências da religião, a filosofia da religião não considera o próprio tema necessariamente como um objeto de investigação; ela não se dirige à esfera religiosa, aplicando um método bem definido, que poderia lhe consentir a redução a esquemas estabelecidos previamente; e, além disso, não considera a religião como um elemento funcional a um contexto de investigação, dominado pelos interesses das ciências singulares. A filosofia da religião, ao contrário, sabe que é prejudicial e redutivo considerar os fenômenos do culto e da fé como simples objetos; sabe que, assim procedendo, perde-se a vitalidade dessa dimensão. Por isso, ela se dispõe antes de tudo a se deixar sugerir pelos documentos e testemunhas religiosos, assim como pela forma de interrogá-los. A filosofia da religião, na verdade, assume diante da esfera religiosa uma postura crítica. Adota uma atitude que tem suas raízes na Grécia antiga e que se exprime através de uma série de estratégias linguísticas, nas quais a perguntas específicas (por exemplo, o quê? como? por quê?) dá-se respostas de caráter universal, que são oferecidas nos conceitos; conceitos que, por sua vez, são ulteriormente questionados e problematizados. Desta maneira, longe de reduzir um tema de investigação a um modelo preliminarmente fixado, pretende-se poder colher aquilo que um fenômeno propriamente é – neste caso, a multiplicidade das expressões religiosas. Ela não se contenta com aquilo que aparece historicamente em sua contingência e tipicidade, mas pergunta o que manifesta tal experiência, quais são suas características, o que lhe constitui...

Em respeito à teologia, a filosofia da religião reivindica uma análoga vocação crítica, assumindo uma atitude que lhe consente um distanciamento questionador de todo envolvimento preliminar e de toda admissão prévia. De fato, os próprios pressupostos inevitáveis, presentes em todo desenrolar da investigação filosófica, podem e devem ser colocados em discussão e até mesmo revogados. A inquietação constitui a investigação filosófica: ela tradicionalmente se caracteriza pela constante e indomável capacidade de colocar perguntas, inclusive se submetendo, em primeira pessoa, a um questionamento radical. Essa inquietação, que permanece mesmo quando se alcança alguns resultados e respostas, demonstra a consciência do fato de que, se fazendo filosofia, nunca se tem uma plena posse e um domínio seguro do próprio tema.

Na verdade, filosofia e religião constituem âmbitos distintos, mas comunicantes da mesma experiência fundante do homem enquanto ser-no-mundo. Assim sendo, a filosofia da religião configura-se na relação em que essas duas esferas da experiência, mantidas em sua respectiva autonomia, percebem que se movem parcialmente em um espaço coincidente e buscam defini-lo, para desta forma clarificar as condições de seu diálogo. O diálogo entre filosofia e religião dá-se, desta maneira, a partir de uma raiz comum (dimensão de complementaridade) e ao mesmo tempo de um distanciamento (dimensão da diferença). A complementaridade indica que a questão da filosofia da religião está inevitavelmente inscrita na natureza, tanto da filosofia quanto da religião; e a diferença, por sua vez, indica a tensão que inelutavelmente surge e marca a relação como aberta e suscetível a multíplices respostas.

III

Filosofia e religião, com efeito, constituem-se em duas linhas de aprofundamento e investigação em si diferentes, mas que brotam de uma problemática originária comum, a maravilha diante do ser, a ânsia do absoluto, a exigência de um sentido para o todo... Filosofia e religião têm uma afinidade profunda e originária, uma nativa consanguinidade que poderia ser expressa como o esforço comum de ambas – que a ambas suscita e faz germinar – de indagar a relação do homem com o Outro, que é ao mesmo tempo seu fundamento, seu fim e sua origem, o mistério de seu ser, ou o sentido de sua existência, e que exatamente por isso recebe muitos nomes: infinito, absoluto, Deus...

Contudo, é também certo que muitas vezes filosofia e religião se distanciam, e até mesmo entram em conflito, nas diversas respostas que dão a essa questão fundamental; mas a pergunta que as anima é a mesma, para uma e para a outra, como um terreno comum ou uma raiz originária unitária. O problema é a pretensão, tanto da filosofia quanto da religião, de poder fornecer ao homem, cada uma a seu modo, a posse de um infinito: a filosofia estendendo ao extremo o poder da razão, ao ponto de não mais fazer dela um órgão, mas o próprio sujeito-objeto do conhecimento do absoluto;

e a religião, por sua vez, propondo ao homem uma relação com o divino, que pode realizar-se apenas no cancelamento de sua constitutiva dimensão de finitude – ou, o que dá na mesma, sublinhando de tal maneira a dimensão de finitude que desemboca em nulidade. Na verdade, filosofia e religião têm uma forte tentação totalizante: tanto uma quanto a outra busca abraçar a totalidade do real em suas respectivas visões interpretativas e sistematizá-la unilateralmente nas próprias categorias conceituais. Devido a esse fato, a relação entre filosofia e religião é constitutivamente instável; e o problema não é apenas metodológico ou de horizontes que podem revelar-se incompatíveis.

De fato, a relação pode vir a se configurar como uma verdadeira e própria escolha excludente de um termo em relação ao outro; ou como uma identificação na qual um dos termos é absorvido e superado no outro; ou então como uma divisão de trabalho em que, porém, os dois termos não estão em posição de igualdade, mas um se encontra sujeito ao outro.

A escolha excludente tende a dissolver uma relação já instituída ou descartá-la, refutando sua possibilidade; pode manifestar-se tanto do lado da filosofia quanto daquele da religião. No primeiro caso, a filosofia interroga a religião – estabelece com ela uma relação –, mas conclui por considerá-la um engano, uma ilusão, uma obscura ameaça para a clareza e liberdade de pensamento e para o combate numa luta que só pode resultar na eliminação do adversário. Este fenômeno, que se manifesta de maneira especial no pensamento filosófico da idade moderna, exprime-se de maneira paradigmática nos ataques à religião movidos pelo iluminismo, sobretudo francês, pelo positivismo e pelo marxismo. O iluminismo combate os conteúdos considerados fanáticos e supersticiosos das religiões, em particular do cristianismo, em nome tanto de uma pura religião racional do deísmo (Voltaire e Rousseau), quanto de um irredutível materialismo (D'Holbach, Helvétius, Lamettrie...). Iluminar o mundo significa libertá-lo da fumaça do incenso, liberar as mentes dos preconceitos seculares das velhas igrejas, romper a pérfida aliança do trono com o altar e levá-lo a um saber científico. Significa restituir ao homem, finalmente adulto, seu destino de ser terreno e material, objeto de investigação científica, mas também sujeito da própria vida e, por isso, legitimado a conquistá-la com suas próprias mãos, sem renunciá-la a favor de uma improvável felicidade celeste. Quanto ao objeto supremo da religião, pode ser considerado como um Ser Supremo nos limites em que a razão humana consegue colhê-lo: um motor ou criador do universo que poderá ser postulado para explicá-lo, mas de quem a investigação não tem condições de avançar ulteriormente, pois qualquer afirmação a respeito, que vá além dos cânones da razão e de seus limites, não tem razão de ser. Este deísmo racionalista desemboca naturalmente no ateísmo. O positivismo, por sua vez, a partir de A. Comte, desenvolve uma consequente refutação da religião com base na concepção fundamental que vê toda forma de conhecimento reduzida ao pensamento científico, sob pena de perder sua validade. Nesta perspectiva, os positivistas não recusam a investigação do fato religioso, mas o investigam para fazer emergir suas raízes terrenas, históricas e sociais e, assim, reduzi-lo a uma manifestação do espírito humano, típica de suas fases primitivas. O marxismo, por fim, vê na ilusão religiosa um aspecto eminente da alienação do homem numa sociedade caracterizada pelo domínio de classe. Assim, remover esta forma de compensação ilusória, que promete a felicidade eterna em troca da resignação à miséria presente – "ópio dos povos" ministrado pelos potentes aos deserdados para fazê-los aceitar sua condição –, é momento decisivo para realizar o ideal de uma sociedade sem classes e para a instauração do socialismo. No segundo caso, é a religião que na relação com a filosofia busca separar-se para evitar o abraço mortal. Esta tendência pode ser encontrada em autores como B. Pascal, S. Kierkegaard e K. Barth. Pascal procura reconduzir a razão humana a seus limites constitutivos e naturais, que são ultrapassados em toda tentativa prometeica e falaz de conceitualizar o absoluto. A filosofia e a ciência – que Pascal cultivou com ardor – não devem ser refutadas, mas reconduzidas a seus limites. A superior intuição das verdades de fé exige um órgão diverso da razão: o "coração", o *esprit de finesse*. Kierkegaard, por sua vez, ataca, em nome da religião, o sistema hegeliano como pretensão de possuir o absoluto no conceito, dissolvendo desta maneira a singularidade da existência e a concretude da vida, que são condições inelutáveis de uma livre escolha de fé. Contra a pacificação do sistema, a escolha é tormento e contradição, e a vida religiosa não é o resultado de uma decisão racional, mas um "salto" paradoxal que coloca em jogo a subjetividade da pessoa. O cristianismo não é nem pode ser uma doutrina, mas uma verdade existencial, que não tem nada a ver com o cristianismo estabelecido pelo mundanismo eclesiástico e teológico. A relação do homem com o absoluto é totalmente individual e não pode encontrar conforto algum nos cânones da ética estabelecida. A religião se funda neste paradoxo, como mostra

Abraão, que contra toda ética se dispõe a sacrificar seu filho Isaac para obedecer a uma ordem divina; coisa que do ponto de vista racional não pode senão parecer um absurdo. E K. Barth propõe um firme abandono de toda conciliação ilusória entre fé religiosa e filosofia. O homem não pode dizer nada de Deus segundo seus esquemas de pensamento; deve apenas reconhecer sua radical e total alteridade que se configura como uma "infinita diferença qualitativa" e uma "distância insuperável". Toda tentativa meramente humana de superar a "linha mortal" que separa o ente criado da transcendência absoluta não faz nada mais que reconduzir o homem a sua nulidade – até o ponto de se correr o risco da completa autonegação. Mas é precisamente na completa consciência deste nada – e na angústia que ela comporta – que se dá a renovação do homem na fé, entendida como abertura, tensão e "salto", isto é, isenta de todo e qualquer suporte racional. É Deus que na absoluta gratuidade supre o vazio da existência quando esta experimenta ao extremo sua crise. Esta posição é dialética, mas dialética do paradoxo, não da síntese: a fé é um querer crer em uma transcendência que em si é totalmente impossível à razão humana e ao conhecimento de tipo racional.

A identificação manifesta-se historicamente na absorção da religião na filosofia: a filosofia leva a sério a religião, investiga profundamente seus fundamentos, mas, ao reconhecer uma identidade de conteúdo entre pensamento filosófico e fé religiosa, busca traduzir e absorver a religião na filosofia. O valor e o significado da religião são reconhecidos, mas *sub specie philosophiae*, como filosofia ainda não completamente realizada. A filosofia hegeliana da religião é exemplo dessa posição.

O jovem Hegel, em *Fé e saber* (1802), parte da consideração que na raiz da modernidade encontra-se a separação entre filosofia e religião. De um lado, a consciência moderna exalta o conhecimento, mas o restringe ao âmbito do finito e desta forma exclui a religião e o tema do infinito do círculo de seus interesses; de outro, a "consciência devota", assustada com a oposição moderna aos temas religiosos, refugia-se no mundo do sentimento, que lhe parece ainda capaz de coligar o finito ao infinito, mas, assim procedendo, deixa de lado a questão do conhecimento. O resultado dessa verdadeira dilaceração do homem moderno é o conflito entre um conhecimento do finito sem o infinito e um sentimento do infinito sem conhecimento: o saber privilegia as razões do sujeito e de seu pensamento crítico e universal e acaba desembocando ou no desespero ou na indiferença; e a fé, por sua vez, sustenta as razões do infinito e pretende deter-se na religião como experiência subjetiva de devoção e sentimento, mas acaba suprimindo o pensamento crítico. Hegel propõe então, como superação dessa dilaceração, um pensamento que não sacrifique o elemento da oposição, mas o tome como momento de uma dialética superior: o dualismo moderno e seu ateísmo devem ser pensados como momentos do evento do absoluto. A famosa página conclusiva de *Fé e saber* oferece um modelo, ao transcrever em termos especulativos a narração evangélica da morte de Cristo: no Deus que morre na cruz, no "sofrimento absoluto" da sexta-feira santa, que deve ser vista como uma "sexta-feira santa especulativa"; aquela absoluta negatividade, que já foi histórica, deve ser agora especulativamente "reintegrada em toda a sua verdade". A conciliação é aqui alcançada na religião, mas na religião pensada especulativamente, transcrita em termos especulativos. Mais tarde, na *Enciclopédia das ciências filosóficas* (1817) e nas *Preleções de filosofia da religião* (1821, 1824, 1827, 1831), o Hegel maduro considerará a religião como uma forma inadequada de conciliação do dilacerado mundo do homem moderno. A filosofia agora, enquanto compreende em si de maneira consciente, dialeticamente, também o negativo, pode ousar pensar o absoluto e se apresentar como o lugar da conciliação: não basta que uma unidade e uma conciliação sejam alcançadas; é necessário também que a conciliação se dê de maneira absoluta, conhecendo-se como tal, para que não seja novamente submetida à ameaça da separação. A religião em sua forma mais alta, ou seja, como religião revelada, como cristianismo, satisfaz a primeira condição, apresenta uma conciliação, mas não satisfaz a segunda, pois seu conteúdo é um pressuposto e não, como na filosofia, um resultado: Deus é pensado como espírito e como absoluto que manifesta a si mesmo, mas é recebido como um pressuposto. Por esse motivo, a religião está sempre exposta à possibilidade de recaída na separação; e de fato nela a criatura é concebida como oposta ao criador, o homem a Deus, o espírito finito ao espírito infinito... Para Hegel, apenas o conceito encontra-se subtraído à possibilidade de novas separações, enquanto pensa ao mesmo tempo a unidade e o processo através do qual se conseguiu a unidade. O conceito nunca aceita a unidade já dada, nunca se detém na representação da unidade, mas a penetra especulativamente, a entende como um conceito dialético e, assim, se apropria das divisões, como de um momento dialético necessário da unidade e para sempre vencido, porque apropriado, interiorizado. Desta maneira, filosofia e religião têm conteúdo idêntico – Deus, entendido como espírito que se manifesta como espírito –, mas diferem, sem se oporem, pela forma com a qual pensam e exprimem esse conteúdo: a religião encontra diante de si a representação de Deus e nela se move; a filosofia penetra a representação religiosa dialeticamente e alcança o conceito, saber absoluto que se sabe absoluto. Na religião, o verdadeiro está no início; na filosofia, está no fim. Trata-se do mesmo verdadeiro que não é, porém, percebido do mesmo modo.

E, na figura da sujeição, a religião aceita instituir uma fecunda relação com a filosofia, mas a confina em uma função secundária e subalterna. A filosofia tem direito de cidadania para o crente, mas apenas na medida em que não pretenda tornar-se em si órgão autônomo da verdade: a filosofia deve limitar-se a apresentar para a razão humana os instrumentos que superem as dúvidas, decorrentes da fragilidade humana, e preparem o caminho da fé na verdade revelada, infinitamente superior a qualquer filosofia. Com muitas nuanças, esta posição prevaleceu na cristandade medieval e em algumas reações ao pensamento moderno. Em São Tomás de Aquino, a razão, mesmo mantendo-se inferior à fé, pode de várias maneiras ajudá-la e até mesmo integrá-la; a revelação não elimina nem torna inútil a investigação racional. O ser criado não é idêntico, mas nem mesmo radicalmente diverso do ser de Deus; ele é análogo – mesmo se sempre inferior, pois derivado, imperfeito, contingente. Essa relação de analogia vale também entre o conhecimento próprio do homem e das coisas criadas e o conhecimento que deriva de Deus. Como a graça não anula a natureza, mas a torna mais perfeita, assim a razão natural, enquanto se submete à fé e renuncia a demonstrar aquilo que é específico da fé, pode servi-la, demonstrando seus "preâmbulos", isto é, aquelas verdades alcançáveis pela especulação e que lhe são imprescindíveis. Assim, a existência de Deus, alcançável por via racional – mas rigorosamente apenas *a posteriori*, isto é, a partir das coisas criadas, chega-se ao criador por uma relação de causa e efeito –, é necessária para em seguida poder crer em sua palavra, enquanto é absolutamente impossível para a razão saber sobre sua essência e sobre os dogmas da fé.

Abandonando-se, porém, essas visões metafísico-objetivantes – responsáveis pelas tentativas de absolutização e superação recíprocas – e assumindo-se uma perspectiva hermenêutica, pode-se ver a dualidade de filosofia e religião como intrínseca à natureza finita do homem e de sua capacidade cognoscitiva.

IV

A perspectiva hermenêutica respeitosa do limite e da finitude da razão, mas ao mesmo tempo aberta à transcendência, é capaz de preservar a relação de filosofia e religião como diferença que não é oposição e autonomia que não é separação. Desta maneira, pode-se entender a filosofia da religião como um dos modos particulares pelos quais a filosofia experimenta sua vocação de ser investigação crítica e interpretação, colocando-se em relação com atitudes e tradições diferentes. Enquanto investigação crítica, ela apresenta-se como busca do sentido nos âmbitos do real e da experiência que mais colocam em questão a existência do homem, seu agir no mundo e sua vida. Enquanto interpretação de outro, ela mostra-se como esforço de autoclarificação existencial dos âmbitos que têm com a filosofia uma ligação originária, como a arte, a moral e, sobretudo, a religião.

A mudança de concepção da filosofia em geral – não mais a pretensão arrogante de fundação de todo ente, mas a compreensão mais "humilde" e dialógica de elucidação hermenêutica e de busca de sentido – recupera, desta maneira, a possibilidade e a validade das chamadas filosofias segundas. A filosofia, dessa forma entendida, não pretende mais absorver em si os outros âmbitos da experiência, mas relacionar-se com estes em um diálogo fecundo, capaz de fazer emergir um horizonte comum no interesse do homem como cidadão de um mundo dotado de sentido. É nesta chave que as chamadas filosofias segundas têm um papel fundamental: elas interrogam, não englobam; clarificam, não incorporam; dialogam, não dominam, instituindo com suas respectivas disciplinas "regionais" uma relação paritária.

Nesta perspectiva, a filosofia da religião relaciona-se com a esfera religiosa e a interroga, não a abandonando como dimensão irrelevante nem com esta se identificando. Com efeito, por um lado, uma filosofia que por princípio coloque-se como irreligiosa jamais poderá interrogar autenticamente a religião, pois partirá do pressuposto, frequentemente acrítico, do caráter não essencial de seus problemas; e, por outro, uma filosofia que se coloque totalmente no âmbito de uma determinada religião dissolve-se nesta e perde totalmente seu caráter crítico. A filosofia da religião situa-se numa posição intermediária entre uma filosofia religiosa e uma filosofia irreligiosa: como filosofia religiosa, ela desapareceria na religião; como filosofia irreligiosa, ela não tomaria em consideração a religião e evitaria todo confronto sério com esta.

Enquanto diálogo na diversidade, a filosofia da religião – que nasce e se desenvolve a partir da experiência religiosa do homem ocidental – aborda o fenômeno religioso em geral, em sua variedade espaço-temporal, para investigar seu núcleo de verdade, cuja presença não pode ser vista como uma supressão das diferenças (históricas, dogmáticas, míticas...), mas como traço da unidade na diversidade. Ela não suprime a diferença, mas a reconhece como perspectiva particular sobre a verdade comum. Isso significa que a filosofia da religião – exatamente enquanto filosofia, isto é, como reflexão humana sobre a experiência humana – deve ter como seu objeto a experiência que os homens fazem do divino, em sua pluralidade histórica e existencial, em busca daquilo que está presente em todas essas experiências.

Ora, uma das conquistas do pensamento hermenêutico contemporâneo é precisamente a distinção entre relativismo, que vê a verdade dissolver-se na pluralidade de suas formulações, e pluralismo, que reconhece a presença da verdade não como objeto, mas como fonte e origem de múltiplas interpretações. O condicionamento e a historicidade de cada perspectiva sobre a verdade não se constituem em um obstáculo, mas em uma dimensão estrutural da interpretação, sendo esta, constitutivamente, não de posse da verdade, mas movimento de pensamento que da verdade brota. A situação histórica, vista e existencialmente vivida não como barreira, mas como perspectiva, apresenta-se como sede da relação originária e constitutiva do homem com a verdade inexaurível. Desta maneira, o pluralismo pode ser fundamentado ontologicamente: a noção do caráter ao mesmo tempo histórico e verdadeiro da interpretação coloca a unicidade da verdade e a multiplicidade de suas formulações como coessenciais.

Tal concepção hermenêutica, chamada a dirimir o conflito entre unicidade do divino e multiplicidade de perspectivas que sobre ele se dão nas experiências religiosas concretas, pode oferecer à filosofia da religião um modelo capaz de confirmar a natureza do pensamento dialógico e pluralista, e exatamente por isso não relativista. Então, a filosofia da religião não é entendida como um saber objetivo, panorâmico, absoluto, capaz de harmonizar as diferenças com os artifícios do conceito, mas como a redescoberta e a clarificação de uma verdade, que não é a conquista final do diálogo, mas, enquanto presente no início – como fonte e origem de toda autêntica experiência religiosa –, está na base do diálogo, constituindo-se a garantia da possibilidade do próprio diálogo, tanto como abertura ao diferente quanto como intencionalidade ao transcendente.

A perspectiva hermenêutica, com efeito, permite descartar as visões que entendem as religiões como possuidoras de uma verdade objetiva. De fato, se a verdade religiosa é objeto e posse, temos as seguintes possibilidades: pertence a uma única religião, uma só religião é verdadeira e as outras são falsas; pertence a todas as religiões, todas as religiões têm igual valor e significado; uma parte da verdade pertence a cada religião em particular, cada religião possui apenas um pedaço da verdade. Todas essas possibilidades, contudo, não são suficientes para garantir um diálogo entre as religiões: a primeira gera conflito, pois o diálogo fenece quando predomina em uma ou mais partes a certeza de possuir por inteiro a verdade; a segunda gera relativismo e indiferença, pois se todas as religiões possuem a verdade, a própria verdade é depreciada e até mesmo anulada; a terceira gera contradição, pois uma religião que configurasse sua verdade como uma verdade parcial perderia de fato sua própria razão de existir. O problema que está em todas essas visões e que as tornam insuficientes é a concepção objetivista de posse da verdade: uma verdade conquistada como um objeto não pode constituir-se em um horizonte unificante que promove o diálogo.

Para a perspectiva hermenêutica, a verdade não está no final de um processo de conquista, mas na origem de cada religião, e o diálogo se constitui, a partir desse horizonte unificante, uma trabalhosa redescoberta desta raiz comum. Para tanto, é melhor deixar de lado as noções de fato ou fenômeno religioso, próprias do método das ciências, e tomar aquela de experiência religiosa, que, como tal, se subtrai a toda determinação em termos objetivos e nos permite entender melhor as noções de "horizonte unificante" e "raiz comum". A noção de experiência aqui adotada não é aquela objetivamente neutra do discurso científico, mas aquela de tipo existencial, que, nas pegadas dos ensinamentos de Heidegger (*Ser e Tempo,* 1927) e de Gadamer (*Verdade e Método,* 1960), entende todo ato humano em termos de desenvolvimento de uma pré-compreensão originária; pré-compreensão que, por sua vez, ilumina as noções de "horizonte unificante" e "raiz comum".

Assim, abandonando-se as visões de posse da verdade, geradoras de conflito entre as religiões e entre filosofia e religião, podemos entender a filosofia da religião como uma clarificação hermenêutica da experiência religiosa. A filosofia, neste caso, entende respeitosamente a religião como âmbito decisivo da experiência humana, que deve ser compreendido e interpretado como possível lugar de abertura ao sentido; e a religião abre-se à investigação filosófica em um diálogo clarificador, que não pretende dissolvê-la, mas reconhecer seu sentido. Assumindo-se a religião não tanto como um fato objetivo – como faz o cientista, que pretende descrevê-la e explicá-la –, mas como uma forma eminente da experiência humana, pode-se reconhecer nela sua originária congenialidade à filosofia; congenialidade originária que assume a forma de uma relação dialógica – integração na diferença – com mútuo reconhecimento das respectivas instâncias de verdade.

Contudo, não se esquecendo nunca de que se trata sempre de descoberta de congenialidade e diálogo entre realidades e dimensões da experiência humana que apresentam uma insuperável diversidade e tensão. Filosofia e religião se tocam e exibem uma relação essencial, mas não se identificam nem se sobrepõem: há um espaço comum, o espaço da filosofia da religião, mas se trata do espaço delimitado pelo encontro e colaboração de duas dimensões da experiência, cada uma das quais se estende indefinidamente além desse limite. Assim, para haver filosofia da religião em sentido próprio, não pode haver a pretensão de identificação das duas dimensões, mas relação que ressalte os resíduos de diversidade e de irredutibilidade que caracterizam cada dimensão. Filosofia da religião é a expressão de uma relação, não de uma identidade, como demonstra a própria história da disciplina; relação que se caracteriza por um distanciamento que não é nem estranhamento nem objetivação. Na filosofia da religião, com efeito, em razão do caráter dialógico da relação entre filosofia e religião, a religião não é objeto, mas interlocutora da filosofia, com quem se liga por uma comum-originariedade de problemas e questões; comum-originariedade que define a filosofia da religião não como uma pura investigação racional, mas como interpretação filosófica de uma experiência existencial. E o distanciamento das duas esferas da experiência, sem o qual não poderia surgir a interrogação filosófica, sempre se dá a partir daquele espaço comum em que o homem não tanto tem experiência do religioso como fato, mas é constitutivamente, mesmo se não exclusivamente, tal experiência.

A filosofia da religião tem, desta maneira, a peculiaridade de implicar ao mesmo tempo – e problematicamente – comum-originariedade e distanciamento. Ora, exatamente em razão do insuperável distanciamento, sabemos que a relação não pode ser resolvida em um ou outro de seus termos, sem que o próprio conceito de filosofia da religião não seja dissolvido, mas também é evidente que, exatamente em razão de seu caráter móvel e aberto, a relação entre filosofia e religião pode ser observada diversamente, conforme o ponto de consideração situe-se em um ou outro polo. De fato, o caráter móvel e aberto da relação entre filosofia e religião permite uma abordagem diferente e um diverso ângulo visual que se configura com a preeminência de um ou de outro polo da relação; preeminência que não compromete a relação nem a enrijece na absolutização de um dos dois termos, mas a configura de maneiras diversas, resultando em múltiplas formas de "filosofia da religião".

Referências bibliográficas

Abraham, W. J. *An introduction to the Philosophy of Religion.* Englewood Cliffs: Prentice Hall, 1985.

Babolin, A., ed. *Il metodo della filosofia della religione.* 2 vol., Padova: La Garangola, 1976.

Brito, E. *Filosofia della religione.* Trad. it. S. Focardi, Milano: Jaca Book, 1993.

Bucaro, G. *Filosofia della religione. Forme e figure.* Roma: Città Nuova, 1992.

Copleston, F. C. *Religion and philosophy*, Dublin, 1974.

Cristaldi, G. *Prospettive di filosofia della religione.* Milano: Vita e Pensisero, 1980.

Davies, B. *An introduction to the Philosophy of Religion.* Oxford: Oxford University Press, 1993.

Fabris, A. *Introduzione alla filosofia della religione.* Roma-Bari: Laterza, 1996.

Ferretti, G. "Filosofia della religione", *Dizionario teologico interdisciplinare.* Vol. 1, Torino: Marietti, 1977, 151-181.

Greisch, J., ed. *Penser la religion. Recherches en philosophie de la religion.* Paris: Beauchesne, 1991.

__________. ed. *Le buisson ardente et les lumières de la raison. L'invention de la philosophie de la religion.* Paris: Cerf, 2004.

Grassi, P. *Filosofia della religione. Storia e problemi.* Brescia: Morcelliana, 1988.

Hick, J. *Philosophy of Religion.* Englewood Cliffs: Prentice Hall, 1963.

Magnani, G. *Filosofia della religione.* Roma: PUG, 1993.

Mancini, I. *Filosofia della religione.* Genova: Marietti, 1986.

Mann, U. *Einführung in die Religionsphilosophie*. Darmstadt: Wissenschaftliche Buchgesellschaft, 1988.

Marchesi, A. *Esperienza religiosa e riflessione filosófica*. Milano: Vita e Pensiero, 1979.

__________. *Filosofia e religione. Una integrazione possible.* Milano: Unicopli, 1991.

Nielsen, K. *An introduction to the Philosophy of Religion.* London: Macmillan, 1982.

Olivetti, M. M. *Filosofia della religione come problema storico.* Padova: CEDAM, 1972.

__________. "Filosofia della religione", Rossi, P., ed. *La Filosofia.* Vol. 1, Torino: UTED, 1995, 137-220.

Peterson, M. – Hasker, W. – Reichenbach, B. – Basinger, D. *Religion and Religious Belief. An introduction to the Philosophy of Religion*. Oxford: Oxford University Press, 1991.

Ravera, M. *Introduzione alla filosofia della religione.* Torino: Uted, 1995.

Rizzi, A. *Il sacro e il senso. Lineamenti di filosofia della religione.* Torino: LDC, 1995.

Savignano, A. *Esperienza religiosa. Da James a Bérgson.* Perugia: Benucci, 1985.

Schaeffler, R. *Religionsphilosophie.* Freiburg-München 1997^2; trad. port.: *Filosofia da religião*, Lisboa: Edições 70, 1992.

Smart, N. *The Philosophy of religion.* London: Sheldon, 1979.

Tillich, P. *Philosophie de la Religion.* Genève: Labor et Fides, 1971.

Vieillard-Baron – Kaplan, F. *Introduction à la philosophie de la religion.* Paris: Cerf, 1989.

WAGNER, F. *Was ist religion? Studien zu ihrem Begriff und Thema in Geschichte und Gegenwart.* Gütersloh: Mohn, 1986.
WELTE, B. *Religionsphilosophie.* Freiburg-Basel-Wien 1978.
WUCHTERL, K. *Philosophie und Religion. Zur Aktualität der Religionsphilosophie.* Bern-Stuttgart: Haupt, 1982.
ZILLES, U. *Filosofia da religião.* São Paulo: Paulinas, 1991.

II. "Deus está morto": A religião na perspectiva de Nietzsche

Rogério Miranda de Almeida

A problemática da "morte de Deus" na obra de Friedrich Nietzsche (1844-1900) é tão ambígua e paradoxal quanto o é toda a sua filosofia. E esta é paradoxal na medida em que ela mesma se desdobra através de uma multiplicidade de perspectivas, de interpretações, de valorações e revalorações que a caracterizam essencial, radical, inerentemente. Mas se a dinâmica do *texto* nietzschiano – *texto* concebido como *escrita* ou espaço através do qual os diferentes significantes não cessam de se impor, de se *ex-por*, de se *dis-por*, de se entrelaçar e de se superar mutuamente – não pode ser pensada senão em sua vinculação intrínseca com seu filosofar, é porque o próprio *des-enrolar* da escrita já é a expressão ou a manifestação essencial das forças e das relações de forças que permeiam, atravessam, pontilham e marcam fundamentalmente seu pensamento. Um pensamento que também é força, ou que não pode manifestar-se senão como forças que constroem e destroem, criam e recriam, aniquilam e reedificam, dizem e *desdizem*, valoram e revaloram, interpretam e reinterpretam, no gozar e no querer mais. Eis porque, em Nietzsche, debalde se procuraria a última palavra, a última interpretação, a última valoração. A última significação. Em outros termos, a significação só se dá no movimento centrífugo do dizer e do escrever que, ao se repetir infinitamente, se revela heterogêneo e resistente a toda e qualquer tentativa de dominação ou apropriação do discurso enquanto tal. Paradoxalmente, portanto, é através da própria sinuosidade e descontinuidade da escrita que o sentido se faz ou, mais exatamente, não cessa de se fazer e de se refazer, de se plasmar e de se remodelar, de se velar e de se desvelar, de terminar e de recomeçar.

Se, pois, existe um problema que obsidia o discípulo de Dioniso do começo até o fim, este consiste nas forças e nas relações de forças que determinam os diferentes valores e que, por sua vez, são por eles determinadas. Nietzsche vê – já em suas primeiras intuições filosóficas – o jogo dessas forças agindo na base das criações artísticas e culturais do mundo grego, sobre o qual ele se debruça ao elaborar suas análises em torno dessa "fisiologia da arte". Sua produção inicial é, portanto, predominantemente marcada pelo que eu denomino os "escritos trágicos", cuja obra inaugural – inaugural porque foi a primeira que Nietzsche publicou – é *O nascimento da tragédia a partir do espírito da música* (1872).

Com *Humano, demasiado humano* (1878), começa a segunda fase produtiva do filósofo, que se apresenta, por assim dizer, como uma charneira, um *entre-dois* ou uma transição para o terceiro e último período. Nesta segunda fase, nota-se um deslocamento de acento para uma moral de tipo utilitário e, em certos aspectos, hedonístico.

Contudo, é no terceiro e último período que Nietzsche retomará, ampliará, aprofundará e explicitará aqueles conceitos básicos que, sob outros nomes e outras modalidades, já se achavam presentes desde os primeiros escritos. São eles: a *vontade de potência*, o *eterno retorno* e o *niilismo*. Nesta última fase – que eu vejo iniciar-se com *Aurora* (1881) –, fazem-se ressaltar: *A gaia ciência* (1882); *Assim falou Zaratustra* (1883-1885); *Para além de bem e mal* (1886); *Genealogia da moral* (1887); *Crepúsculo dos ídolos* (1888, último livro publicado pelo próprio Nietzsche, cuja data oficial de publicação é, porém, 1889); *O Anticristo* (1895) e *Ecce Homo* (1908).

Além das obras elaboradas e destinadas à publicação, existe ainda uma massa colossal de cartas, de composições musicais e fragmentos póstumos que incluem ensaios, anotações, esboços, planos de obra, preparações de cursos e estudos filológicos.

É, porém, nos textos do último período que, além de atingir uma inigualável beleza de estilo, Nietzsche também alcança o zênite da arte de analisar, sondar, diagnosticar e mostrar em plena luz o jogo das forças e das relações de forças que estão na base das tábuas de valores que marcaram a arte, a religião, a ciência, a metafísica e, em suma, a tradição moral e cultural do Ocidente. De resto, não se pode conceber a vontade de potência sem o niilismo e sem a repetição dos valores que não cessam de retornar e se reimpor, mas transmudados ou metamorfoseados em novas formas, novas máscaras, novas roupagens, novos disfarces. Nova linguagem. Ora, se o niilismo não pode ser pensado sem as forças e o retorno das forças que o determinam de maneira essencial, qual é – para ater-me ao objetivo principal dessas reflexões – sua relação com a problemática da "morte de Deus"?

1. Do niilismo e da "morte de Deus"

Deve-se antes de tudo ter presente que, sob a pena de Nietzsche, niilismo e religião não são sinônimos ou palavras intercambiáveis. Tampouco se deve equiparar niilismo e cristianismo, embora o filósofo considere este último como uma das principais vestimentas sob as quais se dissimularam as forças niilistas da decadência.

Em um fragmento póstumo de outono 1887, Nietzsche define o niilismo nestes termos: "*Niilismo*: falta o alvo, falta a resposta ao 'por quê?'; o que significa niilismo? — *que os valores mais altamente colocados se desvalorizam*".[1] Ora, conquanto a tomada de consciência do niilismo se tenha explicitado somente na segunda metade do século XIX, Nietzsche

[1] F. Nietzsche, *Kritische Studienausgabe*, 15 v., ed. G. Colli e M. Montinari, Berlin/New York, De Gruyter, 1988, 9(35), 12, 350. Todas as citações que farei de Nietzsche são tiradas desta edição crítica. Quanto aos fragmentos póstumos, eles serão indicados, como nesta citação, pelo título da edição (doravante abreviado assim *KS*), seguido dos dois primeiros números do fragmento, do número do volume e da página. No que se refere às obras elaboradas para publicação, elas serão indicadas pelo título abreviado, ao qual se segue o número do aforismo ou do parágrafo correspondente. Retenha-se ainda que todos os itálicos nas citações de Nietzsche se encontram como tais no original.

detecta as principais metamorfoses por que passou esse movimento em todas as suas expressões históricas e culturais do Ocidente, e não somente do Ocidente. Melhor: para o autor de *Zaratustra*, as vicissitudes que atravessaram essas civilizações são inconcebíveis sem o niilismo, porquanto suas transformações só se realizam através de uma contínua recriação de valores, em cuja base estão justamente as forças que destroem e constroem, aniquilam e edificam, modelam e remodelam, plasmam e tornam de novo a demolir. Não se trata, pois, de um destruir *para depois* construir, mas de um demolir e um construir simultâneos, concomitantes, tautócronos, *pari passu*. Em outros termos, é na medida mesma em que os velhos valores não mais têm a força de se impor, que novos valores se põem em marcha, mas camuflados sob outros nomes, outras designações, outras denominações. Outras qualificações.

Neste sentido, Nietzsche distingue duas espécies principais de niilismo. Existe um niilismo consumado, realizado, completo, e um niilismo incompleto, ou em via de se realizar, de se materializar. O primeiro diz respeito às consequências necessárias dos ideais anteriores, porquanto as forças que a eles subjaziam e que a eles davam sustentação terminaram por se embater contra seus próprios limites, transformando-se assim em forças esgotadas, vencidas, caducas, acabadas. Já o niilismo incompleto é aquele que experimentamos no presente ou aquele em cujas formas nós nos movemos e que, por isso mesmo, ainda estão se *per-fazendo*, se consumando, se completando, se *efetivando*. O que, porém, produz um efeito contrário e exacerba ainda mais a questão é, segundo Nietzsche, a tentativa de subtrair-se ao niilismo sem inverter (*umzuwerten*), sem alterar ou mudar radicalmente esses valores.[2]

Essa inversão radical de valores – da qual a "morte de Deus" é uma das expressões essenciais – preocupou de tal modo o filósofo que vamos encontrar uma de suas primeiras formulações já naqueles escritos que preludiam *O nascimento da tragédia*. Com efeito, em um fragmento póstumo de setembro de 1870 a janeiro de 1871, Nietzsche ajunta estas frases, já no final do texto: "No templo de Pã. 'O grande Pã morreu'".[3] Na verdade, esta informação do epitáfio do deus dos pastores e rebanhos provém de Plutarco, e ela é tanto mais curiosa quanto aponta para a possibilidade de que um deus venha a morrer ou, pelo menos, de que haja um eclipse ou um crepúsculo dos deuses. Esse mesmo epitáfio será reproduzido por Pascal, nos *Pensamentos*, da seguinte maneira: "*Profecias*. O grande Pã morreu".[4] No *Nascimento da tragédia*, Nietzsche dele novamente se utilizará para acentuar ainda mais o conflito insolúvel e, portanto, trágico, pelo qual a tragédia também deveria morrer: "E como uma vez no tempo de Tibério, vizinho a uma ilha solitária, navegantes gregos ouviram este grito perturbador: 'o grande Pã morreu', assim também agora, como um doloroso lamento, ressoa através do mundo helênico: 'A tragédia morreu!'".[5] Certo, embora a *inversão dos valores* só se

---

[2] Cf. *KS* 10(42), 12, 476. Para uma análise mais detalhada dessa questão, veja meu *Nietzsche e o paradoxo*, São Paulo, Loyola, 2005, cap. I, seção 4.

[3] *KS* 5(116), 7, 125.

[4] B. Pascal, *Pensées*, Paris, Garnier, 1964, Pensamento n. 695 da edição Brunschvicg. Itálico do autor.

[5] *NT*, 11.

faça sentir em plena luz na terceira e última fase do filósofo, o diagnóstico a que ele procede, nesses *escritos trágicos*, já aponta para os grandes temas que, fundamentalmente, caracterizam seu pensamento: o *eterno retorno* e, principalmente, o *niilismo* e a *vontade de potência*.

2. O niilismo, a vontade de potência e a arte trágica

Efetivamente, conquanto os termos "niilismo" e "vontade de potência" ainda não apareçam explícita ou publicamente no primeiro e segundo períodos produtivos de Nietzsche,[6] o que já está em jogo ao longo de todos esses escritos é a questão das forças e das relações de forças responsáveis pela criação e destruição dos valores. Consequentemente, por entre as infinitas nuanças, ambiguidades e paradoxos que a *vontade de potência* suscita, dois tipos de vontade se fazem relevar na concepção de base desse conceito: uma vontade que afirma, justifica e eleva a vida – mesmo em seus mais nefastos, cru-

[6] O termo "niilismo" só aparecerá com mais frequência a partir de 1885. Contudo, Nietzsche já o empregara, sob a forma de adjetivo substantivado, em um fragmento póstumo de verão 1880 (cf. *KS* 4[103], 9, 125), e, também, como substantivo, em um manuscrito de 1881 relacionado com o § 21 da *Gaia ciência*. Cf. *KS* v. 14, p. 242. Quanto à "vontade de potência", esta expressão já se faz presente em um fragmento póstumo de fim 1876-verão 1877 (Cf. 23[63], 8, 425). Publicamente, porém, ela aparecerá pela primeira vez em *Assim falou Zaratustra*: I (Dos mil e um alvos), II (Da superação de si. Da redenção).

éis e hediondos aspectos – e uma vontade que, ao contrário, nega, deprecia e condena a existência em nome de um além ou de um mundo suprassensível. De sorte que, quer se trate das Ideias de Platão, ou do Deus da tradição judaico-cristã, ou do *summum bonum* dos escolásticos, ou do Deus de Spinoza, ou do Imperativo Categórico de Kant, ou, enfim, do Espírito Absoluto de Hegel, o que Nietzsche denuncia em todas essas criações e elucubrações é a intenção moral que as anima ou, melhor, são as forças e as relações de forças que não cessam de disputar entre si a potência e o domínio, mas sob a égide e o brilho dos mais nobres, variados e sublimes ideais. Por conseguinte, enganar-se-ia totalmente quem se perguntasse pela concepção nietzschiana da religião e dos demais valores que estão em voga sem, primeiramente, se interrogar pela vontade e pelas forças que os engendraram ou os edificaram. Trata-se de uma vontade transbordante e afirmativa que eleva e transforma a vida ou, antes, de uma vontade que diz "não" à vida e a tudo aquilo que ela tem de belo, como a sexualidade, a fertilidade, a uberdade e a volúpia do destruir e do construir?

De resto – repita-se – essa interrogação se deixa pressupor não somente no último período produtivo do filósofo – em que os conceitos da *vontade de potência* e do *niilismo* aparecem plenamente desenvolvidos e explicitados –, mas também nos períodos anteriores, e já nos primeiros escritos, os *escritos trágicos*, nos quais Nietzsche faz ressaltar a criação da arte em geral, e da arte trágica em particular, como um traço típico que vinca radicalmente, fundamentalmente, a cultura e o povo helênicos. Nesta perspectiva, enganar-se-ia igualmente quem lançasse a pergunta: "*O que* quer *O nascimento da tragédia?*", dado que, aqui também, a questão consiste em saber: "*Quem* quer no *Nascimento da tragédia*?" É, com efeito, um sujeito que cria um Olimpo de deuses e que, portanto, é dotado do poder de destruir e construir, de criar e recriar, de afirmar e justificar, de embelezar e transfigurar ou, para dizê-lo brevemente, de transformar a existência e o mundo em obra de arte.

Curiosamente, em um texto escrito dois anos antes da publicação do *Nascimento da tragédia*, cujo título é *A visão dionisíaca do mundo* (1870), Nietzsche já realçava o papel da religião helênica, na medida em que os deuses gregos, tais como Homero e o mito em geral os descrevem, não refletem nem a miséria, nem a indigência, que caracterizam os deuses das outras religiões. Pelo contrário, neles se exprime uma religião da vida, da plenitude, do transbordamento e da elevação que, eminentemente, contrastam com as exigências da moral e da espiritualidade ascéticas. "Tudo o que existe, de bom ou de mau, é neles divinizado."[7] É esta a razão pela qual – acentua o filósofo – a teodiceia jamais foi um problema para os gregos antigos, porquanto eles se guardavam de atribuir aos deuses a existência do mundo e, consequentemente, a responsabilidade na maneira pela qual ele é constituído e – poderíamos ajuntar – regido, dirigido, governado. Convém sobremodo sublinhar que, na civilização trágica, até mesmo os deuses se achavam sob o domínio do destino, donde a estratégia e o expediente que forjou a vontade helênica para negociar com a

[7] *KS*, *VD*, 1, 2, p. 559-560.

angústia que suscitam as vicissitudes da existência e os terrores inerentes à inelutabilidade da morte. Este *meio* consistia na criação da aparência, da ilusão, da miragem ou, numa palavra, da obra de arte, a partir da qual podiam os gregos contemplar seu ser refletido em um espelho e, assim, abrigarem-se contra os caprichos da Medusa ou a inexorabilidade das Moiras. Ora, foi igualmente desta arte que se engendraram, que se desenvolveram e se embelezaram todos os deuses que povoavam o Olimpo. Com efeito: "O mesmo instinto que fez nascer a arte como complemento e acabamento da existência para que a vida continuasse seu curso criou também o mundo olímpico: mundo da beleza, da paz, do gozo".[8]

Em um fragmento da mesma época – fim 1869 até primavera 1870 – o filósofo se mostra especialmente hostil *vis-à-vis* da religião cristã, embora ele não a compare explicitamente com a religião grega. Trata-se de um texto no qual é inegável a influência de Schopenhauer – porquanto Nietzsche enfatiza a impossibilidade de se escapar à imperiosidade das exigências da vontade –, mas onde também já se notam uma crítica e um distanciamento com relação à concepção schopenhaueriana do ascetismo enquanto solução para o sofrimento que todo desejo acarreta. Sem embargo – e a exemplo do solitário de Frankfurt – Nietzsche não somente reafirma aqui o caráter implacável da vontade, mas também observa que o suicídio não é concebível senão como uma aspiração ou uma tentativa de se encontrar uma vida melhor. Neste sentido, além de revelar-se como uma não solução para o problema do sofrimento – na

[8] Ibid., p. 560-561.

medida em que se conseguiria eliminar tão somente um fenômeno, mas não a vontade como tal –, o suicídio estaria também a indicar a impossibilidade mesma de se buscar o não ser ou o nada enquanto nada. Abruptamente, porém, o filósofo assevera que as direções ascéticas são eminentemente opostas à natureza e que, na maioria dos casos, elas são a consequência de um estiolamento dessa mesma natureza, que não quer propagar uma raça de seres degradados. Por conseguinte: "O cristianismo só poderia triunfar num mundo degenerado".[9]

Não esqueçamos, contudo, que o cristianismo – que Nietzsche considera como uma das mais altas expressões do niilismo, enquanto movimento negador de valores inerentes à vida e à abundância de seiva, de força e potência que a caracteriza fundamentalmente – é paradoxal na medida em que, ao destruir determinados valores, ele simultaneamente cria e coloca em seu lugar outros tantos valores que, embora novos e diferentes, não deixam de ser igualmente valores. Em outros termos, mesmo invertidas e revaloradas, as novas tábuas continuam a expressar-se enquanto valores; mesmo vencido e superado, o niilismo continua sendo niilismo.

É, portanto, sob duas modalidades essenciais que se manifestam as forças niilistas da destruição e da construção. Existe um niilismo *ativo*, que é um sinal de potência acumulada, isto é, cuja "força do espírito pode ter crescido de tal modo que os alvos *até então* fixados (convicções, artigos de fé) não mais se mostram adequados".[10] É neste momento que novas

[9] *KS*, 3(91), 7, 85.

[10] *KS*, 9(35), 12, 350 (fragmento de outono 1887).

metas, novas autoridades e novas circunstâncias poderão surgir como o solo propício onde, mais uma vez, esse espírito poderá medrar, desenvolver-se e, assim, exercer a máxima potência da aniquilação e da reedificação. Todavia, o niilismo *ativo* pode também se exprimir como uma força insuficiente ou incapaz de atribuir-se um novo fim, uma nova crença ou um novo porquê. Neste estágio, ele estaria a um passo do niilismo *passivo* que, por ter esgotado todas as suas potencialidades, cessa igualmente de atacar, de destruir e recriar. É o caso, por exemplo, do budismo, em que Nietzsche vê a manifestação mais evidente e mais eloquente do niilismo passivo. Enquanto sinal de fraqueza ou de fatiga, tal niilismo se converte em uma espécie de narcótico, pelo qual tudo o que reconforta, tranquiliza, inebria e aturde passa a ocupar o primeiro plano, e isto sob as mais variadas e camufladas formas da religião, da moral, da política, da estética e, poderíamos ajuntar, da ciência.[11] Mas se as coisas se apresentam assim, é possível conceber a construção de valores – sobretudo dos valores mais altamente colocados (Deus, o Ser enquanto Ser) – sem o movimento ambíguo do niilismo que, segundo Nietzsche, os atravessa radicalmente, fundamentalmente? Melhor: não seria todo o pensamento ocidental, inclusive o pensamento nietzschiano, a explicitação material, tangível, de uma dinâmica mais originária e mais primordial ainda, a qual se desenrola, paradoxalmente, através de uma contínua construção e destruição, criação e recriação, satisfação e insatisfação?

---

[11] Cf. ibid., 351.

3. Do paradoxo da "morte de Deus"

Com efeito, a partir das considerações que acabei de desenvolver, não se pode deixar de evocar a conclusão a que chegara Heidegger com base nesta constatação: se com relação ao próprio Ser, o pensamento que tudo concebe segundo valores pertence essencialmente ao niilismo, então – e esta é a conclusão – a experiência nietzschiana do niilismo como queda dos valores supremos não pode ser, ela também, senão uma experiência niilista. Nesta perspectiva, a interpretação do mundo suprassensível ou, mais precisamente, a interpretação de Deus enquanto valor supremo não é pensada a partir do Ser enquanto Ser (*Sein*). Isto quer significar que o último golpe desferido contra Deus e contra o mundo suprassensível consiste, segundo Heidegger, em que Deus, ou o ente (*das Seiende*) do ente, foi depreciado justamente em sua qualidade de valor supremo. Em outros termos, o mais duro golpe desfechado contra Deus não se encontra no fato de ter sido ele considerado *irreconhecível* (*unerkennbar*), nem no fato de ter-se constatado a não demonstrabilidade de sua existência, mas no fato mesmo de Deus – visto e analisado como um ente efetivo, real – ter sido erigido à condição de valor supremo.[12] Por conseguinte, um Deus *ontoteologicamente* pensado não teria outro destino senão aquele mesmo que está inscrito no movimento historial da metafísica ocidental enquanto esquecimento do Ser. Na visão de Heidegger, portanto, Nietzsche não somente

[12] Cf. M. HEIDEGGER, "Nietzsche's Wort Got ist tot", in Holzwege, Frankfurt am Main, Vittorio Klostermann, 1950, p. 239-240.

captou e penetrou as causas e as consequências desse movimento em suas significações fundamentais, mas também se colocou, enquanto pensador *anti*metafísico, naquela tradição mesma contra a qual ele reage, mas *a partir de dentro*.

Nas obras publicadas por Nietzsche, a problemática da "morte de Deus" – enquanto negação e desvalorização de um dos valores mais altamente colocados – encontra sua primeira formulação explícita no parágrafo 108, Terceiro Livro, da primeira edição da *Gaia ciência* (1882):

> *Novas lutas*. – Depois que Buda morreu, sua sombra foi ainda mostrada, durante séculos, numa caverna – uma sombra enorme e horripilante. Deus morreu: mas de tal sorte é constituída a natureza dos homens que, talvez, durante milênios ainda haverá cavernas onde será mostrada sua sombra. – Quanto a nós – é preciso também que ainda vençamos a sua sombra!

Todavia, o texto emblemático sobre o qual se debruçam todos aqueles que examinam a "morte de Deus" no discípulo de Dioniso se acha igualmente no Terceiro Livro, parágrafo 125, da mesma obra. Trata-se do *homem furioso* (*Der tolle Mensch*), que erroneamente se traduz por "o homem louco". Como se sabe, este arauto intempestivo e arrebatado, após haver acendido uma lanterna em plena manhã, irrompe inopinadamente na praça do mercado, clamando em alta voz: "Eu procuro Deus! Eu procuro Deus!". Como lá se encontrassem muitos dos que não acreditavam em Deus, levantou-se entre eles uma estrepitosa gargalhada. "Terá ele se extraviado?", perguntava um. "Terá ele errado de caminho como uma criança?", bradava outro. Outros ainda, em meio a gritos e escárnios, indagavam entre si: "Estará ele se escondendo? Estará com medo de nós? Terá embarcado num navio?". Neste ponto, o *homem furioso* saltou improvisamente no meio da multidão e, traspassando a todos com o olhar, exclamou com desafio:

> Para onde foi Deus? Já lhes direi! *Nós o matamos* – vocês e eu! Somos todos seus assassinos! Mas como fizemos isso? Como pudemos beber todo o mar? Quem nos deu a esponja para apagar todo o horizonte? Que fizemos nós quando desatamos esta Terra do seu sol? Para onde se move ela agora? Para onde nos movemos nós? Para longe de todos os sóis? Não nos precipitamos continuamente? E para trás, para os lados, para frente, para todos os lados? Existe ainda um acima e um abaixo? Não estamos vagando como que através de um nada infinito? Não sentimos o sopro do vazio? Não se tornou mais frio? Não se torna cada vez mais noite, e sempre mais noite? Não devemos acender lanternas desde a manhã?

Esse texto guarda mais de uma relação com o parágrafo 343 da mesma obra, que viu aparecer sua segunda edição em 1887, enriquecida agora do Livro Quinto – no qual se encontra esse parágrafo –, de um prefácio e um apêndice com poemas. Sintomaticamente, pois, Nietzsche enceta o parágrafo 343 com estas palavras: "O maior acontecimento recente – isto é, que 'Deus está morto', que a crença no Deus cristão caiu em descrédito – já começa a lançar suas primeiras sombras sobre a Europa". No parágrafo 125 também – que se iniciara com o *homem furioso* em plena luz matinal, acusando a todos de haverem assassinado Deus –, vemos curiosamente surgir a metáfora das sombras: "Não se torna cada vez mais noite, e sempre mais noite? Não devemos acender lanternas desde a manhã?" Ademais, ambos os parágrafos partem de um fato já consumado, o de que "Deus está morto", mas o último texto ajunta-lhe a especificação segundo a qual suas sombras já começam a difundir-se por sobre a *Europa* e que a crença no *Deus cristão* já não mais vigora. De resto, e à diferença do parágrafo 125, aqui o filósofo não se utiliza de nenhum porta-voz ou de nenhum intermediário para anunciar que "Deus está morto". Não! Ele o faz diretamente, abruptamente, já no início do texto.

Sem embargo, o começo de ambas as narrativas é caracterizado por uma tonalidade trágica e, no caso do parágrafo 125, por um grito patético de desespero que beira o quixotesco, o cômico ou o tragicômico. Há, todavia – repita-se –, uma diferença que sobressai: no parágrafo 125, o anúncio da "morte de Deus" teve início em uma fúlgida manhã para, progressivamente, nele introduzir-se as trevas, o frio, o vazio, a noite. Não obstante, é visível o tom patético, lancinante, angustiante e confrangedor que atravessa todo o "discurso" do homem furioso, o qual principia com a proclamação da "morte de Deus" e se conclui com estas palavras:

> "Eu venho demasiadamente cedo – disse ele em seguida – este não é ainda o meu tempo. Esse formidável acontecimento ainda está a caminho, ainda continua sua marcha – ainda não chegou aos ouvidos dos homens. Raio e trovão precisam de tempo, a luz dos astros precisa de tempo, as ações precisam de tempo, mesmo depois de terem sido realizadas, para que sejam vistas e ouvidas. Essa ação ainda lhes está mais longe que os mais remo-

> tos astros – *e, no entanto, foram eles que a cometeram*" –. Conta-se ainda que, no mesmo dia, teria o homem furioso entrado em diferentes igrejas, onde teria entoado o seu *Requiem aeternum deo*. Levado para fora e interrogado, ele não teria cessado de responder: "O que ainda são essas igrejas senão jazigos e túmulos de Deus?"

Como se pode constatar, o parágrafo 125 começa, desenvolve-se e termina de maneira trágica, isto é, pela metáfora da "morte de Deus" e daquelas outras figuras que a dilatam, a distendem, a ampliam e, ao mesmo tempo, a intensificam. Dentre essas imagens se destacam: a noite, o frio, o sopro do vazio, o nada infinito, o destacar-se a Terra de seu sol e as igrejas que se revelam como jazigos e sepulcros de Deus. Ora, bem diferente é o andamento e o término do parágrafo 343 que, no entanto, se havia também encetado com o verificar-se de que Deus estava morto. Ademais, esta constatação é, já desde o início, acompanhada pela metáfora do pôr do sol, que começa a inundar a Europa de sombras, fazendo com que uma antiga e profunda crença agora se transmude em dúvida. Portanto, àqueles raros espíritos dotados de um olhar sutil e de uma interrogação penetrante, "nosso velho mundo deve, a cada dia, parecer mais crepuscular, mais suspeitoso, mais estranho, 'mais velho'". Todavia, à diferença do parágrafo 125, este último texto toma outra direção e se encaminha pouco a pouco para uma atmosfera de mudanças, de destruições, de transformações e rupturas fecundas. De sorte que o obscurecimento que envolvia a Europa – prenunciando uma catástrofe iminente, cujas consequências seriam imprevisíveis mesmo para aqueles "adivinhadores natos de enigmas", como Nietzsche – converte-se agora na possibilidade de uma nova aurora, uma nova luz, uma nova felicidade, uma nova esperança, um novo júbilo. Uma nova alegria. Com efeito, conclui o filósofo:

> Nós, "espíritos livres", com o anúncio de que o "velho deus está morto", nos sentimos como que tocados pelos raios de uma nova aurora; nosso coração transborda de gratidão, de espanto, de pressentimento, de expectativa – eis que enfim o horizonte aparece-nos desimpedido outra vez, mesmo supondo que ele não esteja claro; finalmente podem os nossos navios de novo zarpar, podem navegar a todo perigo; toda audácia do conhecimento está de novo permitida, e o mar, *nosso* mar, está de novo aberto; talvez nunca dantes tenha havido um "mar" tão "aberto".

A "morte de Deus" em Nietzsche tem recebido diferentes, variadas e até mesmo contraditórias interpretações. Para Heidegger, por exemplo, trata-se sem dúvida do Deus cristão. Mas que seja o Deus da religião em geral ou o Deus da religião cristã em particular, esses nomes querem significar – argumenta o autor de *Ser e tempo* – o mundo suprassensível, ou melhor, o domínio das Ideias ou dos ideais que, a partir de Platão e, mais precisamente, a partir da interpretação helenística e cristã da filosofia platônica, passou a ser visto como o verdadeiro mundo, o mundo propriamente real. Inversamente, o mundo sensível, ou o mundo das realidades sublunares, revela-se tão somente como um mundo em mutação e, portanto, efêmero, aparente, irreal. Na perspectiva de Heidegger, Nietzsche considera a metafísica, ou a filosofia ocidental, como o platonismo que chegou a seu termo e sua própria filosofia como um movimento antimetafísico ou antiplatônico. Consequentemente, se Deus – como causa suprassensível e como fim de toda realidade – morreu, e se o mundo suprassensível das Ideias perdeu toda força vinculante, ao homem nada mais resta que possa orientá-lo, nada mais permanece em que ele possa ater-se, apoiar-se.[13] Em outros termos, um Deus pensado como ente, como objeto ou como valor, estava inelutavelmente destinado a desmoronar na medida em que não mais vigorasse a metafísica que o elevou à categoria de objeto pensado.

Já o discípulo de Heidegger, Karl Löwith, vê em Nietzsche um bom cristão ou um bom crente que se ignora enquanto tal. Assim, o enaltecimento da *natureza*, de *Dioniso* e do *eterno retorno* que se encontra em sua obra não estaria senão a indicar outros tantos sucedâneos para o antigo Deus da metafísica e da moral cristã que hoje caiu em descrédito. O *eterno retorno* em particular se apresenta para Löwith como uma saída trágica para o suposto ateísmo do solitário de Sils-Maria.[14] Paradoxalmente, é o próprio Nietzsche quem suscita esse tipo de interpretação, porquanto lemos em um fragmento póstumo do outono de 1887: "Em lugar da metafísica e da religião, *a doutrina do eterno retorno* (esta enquanto meio de criação e seleção)".[15] Mais curioso ainda é encontrarmos em outro fragmento da mesma época – verão 1886 a outono 1887 – a asserção segundo a qual: "No fundo, somente o Deus moral é superado".[16]

---

[13] Cf. M. Heidegger, op. cit., p. 199-200.

[14] Cf. K. Löwith, *De Nietzsche à Hegel*, Paris, Gallimard, 1969.

[15] *KS* 9(8), 12, 342-343.

[16] *KS* 5(71), 12, 213.

Ora, não somente Karl Löwith, não somente Karl Jaspers – para quem as "contradições" de Nietzsche, inclusive seus ataques contra o cristianismo, terminam por se resolver num "todo englobante" –, mas também os teólogos propriamente ditos estimam, de maneira geral, que as invectivas anticristãs do discípulo de Dioniso resultam, no fundo, em manifestações de sua religiosidade inconfessa. Assim o pensam Walter Nigg, Bernhard Welte, Hermann Wein, Eugen Biser, Ferdinand Ulrich, Eberhard Jüngel, Paul Tillich, Henri de Lubac, Paul Valadier, Yves Ledure e outros mais. De visão menos limitada e de conhecimento menos superficial do pensamento nietzschiano é Jean-Luc Marion, mas, a exemplo dos demais profissionais da teologia, ele também não poderia escapar à tentação de "salvar" a filosofia de Nietzsche, purificando-a e libertando-a da acusação de ateísmo. Na verdade, o qualificativo "ateu" não se enquadra convenientemente na terminologia nem na concepção básica de Nietzsche, pois quando ele se refere a si próprio – ao falar da religião em geral e do cristianismo em particular – ele se designa, o mais das vezes, pela expressão "*Wir Gottlosen*", que significa: nós, os sem Deus; nós, os livres, ou os desembaraçados de Deus. Paradoxalmente, o filósofo chega mesmo a apontar para a possibilidade de que novos deuses venham a existir. É o que lemos, por exemplo, em um texto de maio-junho de 1888:

> E quantos novos deuses são ainda possíveis!... Eu mesmo, em quem o instinto religioso, isto é, *criador* de deuses, procura às vezes reviver: com que diversidade, com que variedade o divino cada vez se revelou a mim!...

> (...) Eu não duvidaria que haja muitas espécies de deus... Não faltam aqueles que não se possam imaginar sem certo alcionismo e certa leviandade... Os pés leves são, talvez, inseparáveis da noção mesma de "Deus"... Seria preciso dizer que um deus sabe manter-se, em todo tempo, além de todo bom-senso e toda bonomia? Além, igualmente, entre parênteses, de bem e mal?[17]

Extraviar-se-ia, portanto, quem buscasse na obra de Nietzsche uma participação na velha querela conceptual em torno da existência ou não existência de Deus. Estes debates – que marcaram o movimento filosófico do século das Luzes – já se revelam, de resto, como uma das revivescências ou um dos avatares característicos da metafísica platônico-aristotélica e do arcabouço de ideias que a escolástica medieval construiu em torno do Ser, do Uno e do Sumo Bem. Com relação a esta urdidura de conceitos e noções a que se dedicou a metafísica ocidental, o autor de *Zaratustra* não economiza nem sarcasmos, nem ironia. Ele pondera, com efeito, no *Crepúsculo dos ídolos*: "Quando se pensa que a humanidade teve de levar a sério os sofrimentos cerebrais desses doentes tecelões de teias de aranha! — E que preço teve ela de pagar por isso!...".[18]

---

[17] *KS* 17(4), 13, 525-526.

[18] *CI*: A "razão" na filosofia, 4. Jogo de palavras difícil de traduzir em todas as suas nuanças, porquanto Nietzsche se serve aqui dos termos *Spinne* (aranha) e *Weber* (tecelão) para justamente significar a teia de conceitos que os doentes do cérebro (*Gehirnleiden kranker Spinneweber*) tramaram ao longo da história.

Como se pode deduzir – e como eu enfatizei já no início dessas reflexões –, a questão fundamental que se deve levantar na filosofia de Nietzsche é a de saber quais são as forças e as relações de forças que predominam na construção e na destruição dos diferentes valores. Pois não existe valor em si, não existe interpretação em si. O que há, na perspectiva nietzschiana, são forças que afirmam a vida, que a elevam e a intensificam, e forças que negam, depreciam e condenam tudo aquilo que a existência tem de belo, de fértil, de potente, de transbordante, de abundante e cruel. Destarte, o Deus da tradição metafísica e da moral cristã – enquanto uma das expressões das forças niilistas da decadência – representa, aos olhos do discípulo de Dioniso, o que há de mais hostil, de mais adverso e mais contrário a uma vida ascendente, aquiescente e, portanto, desbordante de energia, de seiva, de força, de potência, de excesso e vontade de apropriação, de expansão, de dominação. De açambarcação. Assim, o Deus que a moral cristã e a metafísica ocidental construíram redunda em um argumento a mais para que nele não se creia. É o que declara o filósofo da maneira mais enfática no capítulo 47 do *Anticristo*: "Nós negamos Deus enquanto Deus... Se nos *provassem* esse Deus dos cristãos, saberíamos ainda menos nele acreditar".[19]

Em sua obra intitulada, *Da destinação do homem*, Nicolas Berdiaeff chama atenção para o fato de que Nietzsche jamais conhecera nem compreendera um cristianismo autenticamente vivido. Segundo Berdiaeff, o que Nietzsche realmente defrontou foi uma sociedade degenerada, corrompida, cujos mo-

---

[19] AC, 47.

mentos de grandeza espiritual se tinham, havia muito tempo, desvanecido. De sorte que seus ataques, suas críticas e invectivas eram assestados para esse tipo de cristianismo – decadente e pequeno burguês – que marcou as últimas décadas do século XIX.[20] Mas, primeiramente, deve-se perguntar: onde Berdiaeff encontraria um cristianismo autêntico? Ademais, poderia ter Nietzsche conhecido outra forma de cristianismo senão aquela mesma que ele desmascara e cujas forças niilistas atravessam, pontilham e caracterizam de maneira essencial a história do pensamento e da cultura ocidentais? Certo, como eu lembrei já no início da primeira seção deste capítulo, niilismo e cristianismo não são sinônimos sob a pena do discípulo de Dioniso, porquanto o primeiro compreende a desvaloração dos valores mais altamente colocados em todas as expressões da civilização ocidental, e não somente ocidental, mas também oriental. Com efeito, para Nietzsche, as religiões judaica e budista integram, elas também, o movimento total das forças niilistas da decadência. Tanto o cristianismo quanto o budismo, diz o autor do *Anticristo*, são "religiões da decadência", mas, comparado ao cristianismo, o budismo é infinitamente mais realista. De resto, ele tem a sua vantagem um clima ameno, uma imensa suavidade e liberalidade de costumes. Nele se aspira à serenidade suprema, à paz e extinção de todo desejo, que são finalmente alcançadas. "O budismo é uma religião feita para o fim e o cansaço da civilização; o cristianismo não a encontra nem mesmo em seu nascedouro: em certas circunstâncias, ele

[20] Cf. N. Berdiaeff, *De la destination de l'homme: Essai d'éthique paradoxale*, Lausanne, L'Âge d'Homme, 1979, p. 154.

pode fundá-la."[21] Com relação ao islamismo, Nietzsche o dispõe em uma ordem infinitamente superior à religião e à civilização cristãs, na medida em que aquele deve seu florescimento a um gosto refinado da cultura moura e, ao mesmo tempo, a um instinto aristocrático e a uma força viril que sabem dizer "sim" à vida e a tudo aquilo que ela tem de grandioso e elevado.[22] Comparado, porém, ao judaísmo, o cristianismo não é senão seu prolongamento, seu avatar, sua metamorfose e, portanto, a encarnação da vontade de dominar. Efetivamente:

> Para a espécie de homens que, no judaísmo e no cristianismo, visa ao poder, isto é, a espécie *sacerdotal*, a decadência é somente um *meio*: esta espécie tem um interesse vital em tornar a humanidade *doente* e em converter, em um sentido perigoso para a vida e caluniador para o mundo, os conceitos de "bom" e "mau", de "verdadeiro" e "falso".

Nesta perspectiva, o cristianismo só poderia brotar de um solo judeu, de um povo judeu, de um fundo judeu. O próprio sacerdote judeu apresenta-se aos olhos de Nietzsche como uma máscara das forças niilistas da decadência que estão constantemente a se metamorfosear, para melhor poderem sobreviver. Eis a razão pela qual ele se disfarçará também – como já o havia feito antes dele o sacerdote grego – sob os mantos do filósofo, pois o filósofo não é senão outra máscara do sacerdote, ou do ideal ascético, na medida em que ele o encarna, o reveza e o substitui para permitir-lhe subsistir e, deste modo,

---

21 AC, 22.

22 Cf. ibid., 60.

prolongar, estender e expandir sua vontade de potência. Para o autor do *Anticristo*, a aspiração ao poder que manifesta o sacerdote não é uma reação, mas antes uma transformação das forças niilistas que, ao atingirem seu limite máximo, se despojam das antigas máscaras e adotam novas roupagens, novas camuflagens, novas dissimulações, novas maquinações.

Mas se as coisas se apresentam assim, inevitável é levantar as mesmas questões que eu já havia avançado no final da seção 2 deste capítulo: 1) É possível conceber a construção de valores, principalmente dos valores mais altamente colocados (Deus, o Ser enquanto Ser), sem simultaneamente pensar no movimento ambíguo do niilismo, que é um movimento de destruição *e* construção? 2) Consequentemente, não seria a civilização ocidental, em sua generalidade, a expressão de uma dinâmica niilista, na medida em que a construção de todo pensamento, de toda moral e de toda cultura já implica a destruição de outras tantas interpretações e valorações que a precederam? A propósito, Nietzsche termina o parágrafo 344 da *Gaia ciência*, sintomaticamente intitulado *Em que medida nós também somos ainda devotos*, com estas palavras:

> Nós, conhecedores de hoje, nós os sem Deus e os antimetafísicos, também *nosso* fogo, nós ainda o tiramos do incêndio que uma crença milenar ateou, essa crença cristã, que era também aquela de Platão, de que Deus é a verdade, de que a verdade é divina... Mas o que dizer se precisamente isso se torna cada vez mais desacreditado, se nada mais se demonstra como divino, a não ser o erro, a cegueira, a mentira – e se o próprio Deus se demonstrasse como nossa mais longa mentira? –

O que se repete, portanto – para servir-me de uma metáfora que eu empreguei em meu *Eros e Tânatos* –, é o velho sol platônico que ainda não tramontou. "Rasgando as densas nuvens de Königsberg, este sol continua, sob novas tonalidades, a difundir seus raios por sobre toda a reflexão filosófica que se estende de Kant ao idealismo alemão e às filosofias mais recentes e aparentemente libertadas do platonismo..."[23]

Referências bibliográficas

ALMEIDA, R. M. de. *Nietzsche e o paradoxo*. São Paulo: Loyola, 2005.

__________. *Eros e Tânatos: A vida, a morte, o desejo*. São Paulo: Loyola, 2007.

BERDIAEFF, N. *De la destination de l'homme: Essai d'éthique paradoxale*. Lausanne: L'Âge d'Homme, 1979.

HEIDEGGER, M. "Nietzsche's Wort Got ist tot", in *Holzwege*. Frankfurt am Main: Vittorio Klostermann, 1950.

LÖWITH, K. *De Nietzsche à Hegel*. Paris: Gallimard, 1969.

NIETZSCHE, F. *Kritische Studienausgabe*. Berlin/New York: De Gruyter, 1988, 15 vols.

PASCAL, B. *Pensées*. Paris: Garnier, 1964.

[23] R. M. de ALMEIDA, *Eros e Tânatos: A vida, a morte, o desejo*, São Paulo, Loyola, 2007, p. 249.

III. A experiência religiosa à luz da fenomenologia hermenêutica

Paulo Sérgio Lopes Gonçalves

1. Introdução

Neste capítulo, objetiva-se apresentar a análise fenomenológica da religião realizada por Martin Heidegger (1889-1976). Justifica-se esse objetivo o fato de que esse filósofo alemão não é alheio à análise da religião, seja em função de sua formação acadêmica inicial, por ter estudado com jesuítas e por ter realizado um trabalho sobre Duns Scotto, seja por considerar a religião como experiência religiosa e, por conseguinte, como um fenômeno intrínseco à própria vida humana. Mesmo que, em um determinado momento de sua vida, Heidegger tenha precisado sua análise fenomenológica da religião, em função de sua ocupação com a história do ser, de sua constatação do esquecimento do ser e de sua formulação de uma ontologia fundamental, identificada com uma fenomenologia hermenêutica, as questões religiosas apareceram explícita ou implicitamente em toda a sua obra, sempre inseridas no caminho de seu pensar e na formulação de seus pensamentos filosóficos.[1]

Isso propiciou inferir que esse filósofo não admitiu a extinção da religião com o advento da modernidade, mas afirmou sua manifestação em outras formas fenomenais e, por conseguinte, a necessidade de pensar filosoficamente a religião, de modo que tal pensamento seja efetivamente contemporâneo à atual época histórica. Aliás, a tarefa da filosofia é pensar o ser não como algo abstrato, mas como algo real, efetivo e concreto. Por isso, o ser há de ser pensado a partir do homem, concebido em sua existência, marcado por sua história, por seu dinamismo no exercício de sua liberdade, por sua capacidade de apropriar-se do mundo que lhe é dado impessoalmente e de criar mundos que apresentem sua existência autêntica. Nesse sentido, não é possível pensar heideggerianamente a religião sem haver um mergulho na própria vida humana.

Para atingir esse objetivo com a devida precisão metodológica, apresentou-se o significado da análise fenomenológica da religião em Heidegger, descrevendo as heranças apreendidas por ele e seu conceito próprio de fenomenolo-

---

[1] Cf. CAPELLE, Philippe. "O divino e Deus em Martin Heidegger", in LANGLOIS, Luc – ZARKA, Yves Charles (orgs.). *Os filósofos e a questão de Deus*. Tradução brasileira de Luiz Paulo Rouanet. Loyola: São Paulo, 2009, p. 307-330. VATTIMO, Gianni. "Hos Mé. Heidegger e o Cristianismo", in *Depois da Cristandade. Por um Cristianismo não religioso*. Tradução brasileira de Cynthia Marques. Record: Rio de Janeiro – São Paulo, 2004, p. 151-167.

gia da religião, exposto em um curso ministrado nos anos de 1920-1921,[2] além da análise que esse filósofo faz acerca da experiência religiosa presente no livro X das *Confissões de Santo Agostinho*. Apresentou também que a análise heideggeriana é ainda contemporânea e pode ser utilizada no contexto pós-moderno de religião, marcado pela emergência da técnica que possibilita um horizonte pós-humano e pelo pensar fragmentado de algumas ciências contemporâneas, pelo pensamento débil[3] e nômade e pela urgência de desenvolver com eficácia um pensamento meditativo que compreenda e interprete a existência humana em seu todo.

2. O que é a análise fenomenológica da religião?

2.1. As heranças de Heidegger

O interesse de Heidegger pela religião manifestou-se desde os primórdios de sua obra, quando, além de sua formação teológica obtida junto a jesuítas, efetuou uma tese de livre docência sobre Duns Scotto. Tratava-se de um trabalho sobre o psicologismo, motivado pelas heranças

---

[2] Cf. HEIDEGGER, Martin. "Phänomenologie des Religösen Lebens", in *Gesamtausgabe* 60. Aos cuidados de Mathias Jung, Thomas Regehly e Claudius Strube. Vittorio Klostermann: Frnakfurt am Main, 1995.

[3] Cf. VATTIMO, Gianni. *O fim da Modernidade. Niilismo e hermenêutica na cultura pós-moderna*. Tradução brasileira de Eduardo Brandão. Martin Fontes: São Paulo, 2002.

do pensamento moderno, o qual primava pelo empirismo positivista e por uma reformulação conceitual acerca da filosofia. No contexto desse trabalho, encontram-se duas heranças cruciais à compreensão do pensamento heideggeriano que, em certo sentido, as acompanharão até o final de sua obra: a metafísica clássica e a lógica transcendental dos neokantianos.[4]

A metafísica clássica tornou-se a grande esteira de pensamento no ocidente cristianizado e afirmou-se como uma grande cadeia de montanhas, impassível de destruição, em sentido estrito. Essa metafísica estava amparada em Agostinho, que se fundamentava em Platão e nos neoplatônicos, em Boécio, que foi responsável pelo conceito medieval de Pessoa aplicável a Deus, e em Tomás de Aquino, que, mediante o encontro com a filosofia árabe, trouxe o aristotelismo para a teologia cristã, até então fundamentada no agostianismo platônico, elaborando uma teologia ontologicamente substancialista e consolidada em grandes tratados. A herança metafísica primou por elaborar conceitos sólidos e, mesmo tendo elaborado os conceitos de mundo e de homem, dando-lhes autonomia, primou pelo ente supremo: Deus. Dessa forma, a metafísica, ainda que fosse reafirmada pela teologia católica, a partir da carta encíclica *Aeterni Patris* de Leão XIII[5] e tivesse como

---

[4] Cf. Mac Dowell, João. "As bases do pensamento filosófico de Heidegger", in *A gênese da ontologia fundamental de M. Heidegger*. Loyola: São Paulo, 1993, p. 23-39.

[5] Cf. Leão XXXIII, "Carta encíclica Aeterni Patris. De philosophia christiana ad mentem S. Thomae Aquinatis in scholis catholicis instauranda", in *Civiltà Cattolica 30* (1879), p. 513-550.

adeptos pensadores como Etienne Gilson, um sólido pensador de doutrina filosófica cristã, e Joseph Marechal,[6] que buscou sintetizar o tomismo com o kantismo, símbolo principal do pensamento moderno, não conseguiu alcançar o âmago da modernidade, concebida em sua afirmação e em seus questionamentos. A metafísica não consolidou uma história do ser ou, ainda, o ser foi esquecido.[7]

A lógica transcendental dos neokantianos apresentava o predomínio moderno do empirismo positivista que visualizava, na ciência moderna, o elemento que resolveria todos os problemas humanos, ainda que tivesse de ser aperfeiçoada. No âmbito da análise do homem, emergiu a concepção de indivíduo, amparada pela psicologia que, por sua vez, assumiu o caminho da experimentação, da comprovação empírica na análise psíquica concernente à verdade sobre o homem. A teoria do conhecimento se desenvolveu mediante a investigação das ciências físico-matemáticas, elaborada por membros da Escola de Marburgo, e a elaboração de uma lógica das ciências humanas, desenvolvida na Escola de Baden, na qual se buscou superar o realismo e o relativismo, através da construção de uma filosofia dos valores.

Além da metafísica e da lógica neokantiana, o pensamento de Heidegger está contextualizado no movimento fe-

---

[6] Cf. DOTOLO, Carmelo. "Capitolo 22: Joseph Maréchal", in FISICHELLA, rino (org.) *Storia della Teologia (III). Da Vitus Pichler a Henri de Lubac.* Dehoniana: Bologna, 1996, p. 691-697.

[7] Cf. PÖGGELER, Otto. "Aceso a la metafísica", in *El camino del pensar de Martin Heidegger*, tradução espanhola de Félix Duque Pajuelo. Alianza Editorial: Madrid, 1986, p. 19-28.

nomenológico, emergente com Edmund Husserl, cuja refutação rigorosa e definitiva do Psicologismo não tardou a se realizar. Husserl superou os preconceitos do psicologismo, apontou seus exageros e apontou a diversidade essencial entre a percepção sensível da singularidade e a intuição da ideia universal, a qual era concebida como objeto da lógica pura. Em seu método fenomenológico, Husserl visa retomar as coisas mesmas, a fim de que os fenômenos se manifestassem na respectiva originalidade específica.[8]

A partir de Husserl, Heidegger se remete a Schleiermacher e Dilthey, pais da hermenêutica contemporânea. O primeiro teve o mérito de, ao objetivar superar a hermenêutica como mera interpretação gramatical de textos clássicos, articular a gramática com a psicologia, para compreender o texto em seu contexto, principalmente a intencionalidade do autor subjacente ao próprio texto.[9] O segundo contribuiu para a elaboração de uma hermenêutica histórica, acentuando a categoria história na articulação entre psicologia e compreensão e explicitando que nenhum texto e nenhum evento são isentos de história dos sujeitos envolvidos e, por conseguinte, de historicidade.[10]

---

[8] Cf. Borges Duarte, Irene. "Husserl e a Fenomenologia Heideggeriana da Fenomenologia", in *Phainomenon* 7(2003), p. 87-103; Dartigues, André. *O que é Fenomenologia?* Tradução brasileira de Maria José J. G. de Almeida. Centauro: São Paulo, 2010.

[9] Cf. Schleiermacher, Friedrich. *Hermenêutica. Arte e técnica da interpretação.* Tradução brasileira de Celso Reni Braida. Vozes – São Francisco: Petrópolis – Bragança Paulista, 2003.

[10] Cf. Dilthey, Wilhelm. *Psicologia e compreensão. Ideias para uma psicologia descritiva e analítica.* Tradução portuguesa de Artur Morão. Edições 70: Lisboa, 2002.

Diante do exposto, há de se constatar que Heidegger é herdeiro de um contexto de pensamento marcado por um profundo dinamismo, cuja problemática parte da história do ser ou do próprio esquecimento do ser e se defronta com a neoescolástica e com o neokantismo, fundamentando-se na fenomenologia e na hermenêutica histórica de cunho propriamente filosófico. Pode-se afirmar que sua fenomenologia é identificada com a ontologia e imbuída da perspectiva hermenêutica, passando a ser denominada de fenomenologia hermenêutica.[11]

2.2. A análise fenomenológica da religião

Em seu curso de Fenomenologia da Religião, Heidegger apresentou filosoficamente sua compreensão de fenomenologia da religião, descrevendo seu significado próprio, os exemplos de anteriores análises da religião, o significado de histórico e o desenvolvimento de sua fenomenologia. Em seguida, apresenta três análises assaz significativas, tomando como base a ideia de *faktische Lebenserfahrung* ou uma filosofia da vida. Trata-se da análise de algumas cartas de São Paulo, do livro X das *Confissões* de Santo Agostinho e da mística medieval, contando com o inferimento das análises de Schleiermacher e de Rudolf Otto.

---

[11] Cf. Stein, Ernildo. "A Fenomenologia Hermenêutica", in *Compreensão e Finitude. Estrutura e movimento da interrogação heideggeriana*. Unijuí: Ijuí (RS), 2001, p. 185-200.

A Fenomenologia da Religião apresentada por Heidegger deve ser considerada no contexto em que a análise da religião não era mais tarefa exclusiva da teologia, nem mesmo como uma teologia natural ou teodiceia, nem algo que se assemelhasse exclusivamente à história das religiões ou sociologia da religião nem como uma psicologia da religião.[12] O exemplo utilizado por Heidegger para descrever um intento de filosofia da religião é Ernst Troeltsch,[13] cujo pensamento se desenvolveu na fronteira entre teologia e filosofia. Por isso, seu objeto de análise não é a religião enquanto experiência religiosa, mas a fé no que concerne à relação do homem com Deus. Ele assume o caminho da psicologia da religião, distinguindo os elementos centrais da religião dos periféricos, ao afirmar que o homem desenvolve a fé em sua relação com Deus.[14] Na esteira da psicologia da religião, Troeltsch desenvolve uma gnoseologia da religião, assumindo um *a priori* religioso, concebido como "irracional", distinto do que é efetivamente psicológico e válido *a priori.*[15] Além desse pensador, Heidegger recorda que Hegel elabora uma filosofia da história da religião,

---

[12] Cf. GONÇALVES, Paulo Sérgio Lopes. "A identidade da teologia no estudo da religião", in *REB* 71 (2011), p. 19-24; FILORAMO, Giovani – PRANDI, Carlo. *As ciências das religiões.* Tradução brasileira de José Maria de Almeida. Paulus: São Paulo, 1999.

[13] Cf. TROELTSCH, Ernst. Psychologie und Erkentnistheorie in der Religionswissenschaft. Eine Untersuchung über die Bedeutung der Kantischen Religionslehre für die heutige Religionswissenchaft. Tübingen, 1905; Idem. Die Soziallehren der christlichen Kirchen und Gruppen. Tübingen, 1912.

[14] Cf. GA 60, p. 19-21.

[15] Cf. GA 60, p. 21-23.

pela qual considera a realização do *a priori* religioso no curso efetivo da história do espírito. Dessa maneira, essa filosofia da história não só compreende o presente, mas também antecipa o futuro, decidindo ou pelo alcance de uma religião racional universal, ou pelo domínio das religiões positivas.[16] Utilizando-se ainda de Troeltsch, Heidegger afirma a tendência de uma metafísica da religião, cuja tarefa fundamental é inserir a realidade de Deus no contexto do mundo. E isso porque a metafísica clássica, que afirmava Deus sem vínculo com a história humana, já não é passível de credibilidade e de desenvolvimento efetivamente contemporâneo. Considerando a centralidade da vida na análise filosófica, Heidegger apresenta a metafísica de Troeltsch como uma teodiceia, cujo objetivo é apresentar a prova da existência de Deus, embora reconheça ser essa prova algo oriundo da articulação entre o cristianismo e a filosofia grega.[17] Mesmo havendo o predomínio da metafísica da religião, é evidente que a psicologia, a gnoselogia e a filosofia da história da religião são constitutivas da filosofia da religião de Troeltsch.[18]

Para efetivar sua análise e superar a filosofia da religião de Troeltsch, que possui preponderância em uma metafísica da religião, Heidegger distingue filosofia da ciência, conferindo, à primeira, a identidade com a fenomenologia e, à segunda, o caráter ôntico, identificado com as ciências empíricas. Ora, se a filosofia se preocupa com a essência daquilo a que se

---

[16] Cf. GA 60, p. 23-24.
[17] Cf. GA 60, p. 24-26.
[18] Cf. GA 60, p. 26-30.

ocupa, então a análise da religião só pode ser feita se a religião for conceituada como experiência religiosa, concebida em sua condição de *faktische Lebenserfahrung*. Ocorre que a experiência é a atividade de *experimentar*, enquanto algo que é experimentado. Dessa forma, o sujeito que experimenta se identifica com aquilo que é experimentado em um elemento crucial para a análise fenomenológica: o histórico. A partir do histórico, concebe-se outro elemento fundamental: mundo. Este é concebido filosoficamente como a experiência que o homem tem de seu ambiente – *Umwelt* –, constituído por um mundo próprio – *Selbstwelt* – e por um mundo dos outros – *Mitwelt*. Esses mundos são o que se denomina de mundos genuínos da vida – *genuine Lebenswelt* –, pelos quais a filosofia pode realizar sua análise, alcançando a *faktische Lebenserfahrung*. O acesso à experiência fática da vida possibilita à filosofia atingir o significado da experiência em questão. O significado é propriamente o conteúdo da experiência, e o modo como ele foi alcançado é implícito no próprio conteúdo. Esse significado é sempre mundano, porque é inferido a partir de uma experiência efetiva de vida, pertencente a um mundo determinado.[19]

O rigor filosófico exige que a experiência efetiva de vida seja conhecida. Aquilo que é conhecido como experiência de vida não possui um caráter de objeto, conforme é possível obter nas ciências empíricas, mas de experiência significativa. Com isso, a filosofia se ocupa com a relação do sujeito – o homem – com o objeto – a experiência feita pelo homem – imbuída de significação. Na própria experiência de vida, há

[19] Cf. GA 60, p. 3-14.

um cuidado – *Bekümmerung* – autossuficiente e, por isso, ela de-cai – *fällt ab* – em sua significação. Tal significação pode ser objeto da ciência, mas não será no mesmo âmbito significativa para a filosofia. Para a filosofia, a *faktische Lebenserfahrung* não é apenas o ponto de partida, mas também o obstáculo ao filosofar, à medida que, em seu cuidado autosssuficiente, essa experiência é decadente e indiferente quanto à referência. Em outras palavras, a significação da experiência é mutável, possui dinâmica própria e não resulta da comprovação ou não de hipóteses que determinam o instrumento analítico a ser utilizado, conforme se concebe na ciência empírica. O sentido da referência da experiência efetiva de vida se encontra na significação, emergente enquanto resultado do cuidado autossuficiente da experiência que decai e é indiferente. Disso resulta a multiplicidade de experiências que chegam à consciência, enquanto conteúdo experimentado. No entanto, o modo de ser do "eu" e de seu ser envolvido pelo mundo é indiferente e possibilita decair na significação. Esta, por sua vez, está relacionada a uma lógica do mundo ambiente, situado em contexto real e efetivo, responsável pela constituição da consciência do sujeito que conhece seu mundo. Por isso, a filosofia é uma configuração da atitude objetiva desse sujeito, que é simultaneamente objeto à medida que pertence a um contexto objetivo, a ser investigado filosoficamente.[20]

Conforme já se expôs, a análise fenomenológica da religião de Heidegger não prescinde da história, enquanto ele-

[20] Cf. GA 60, p. 14-18.

mento fenômeno essencial para a compreensão da religião. E, ao afirmar a análise fenomenológica ou filosófica da religião, depara-se com dois termos que são fenômenos históricos: filosofia ou fenomenologia e religião. Justifica-se essa posição a compreensão de que o histórico é o tornar, o nascer, o transcorrer no tempo, não como algo automático, mas como vitalidade imediata, caracterizada por sua adição à própria realidade humana. Tanto a filosofia quanto a religião são fenômenos históricos, à medida que são concebidos no tempo, com suas diversas mutações, com seu respectivo dinamismo que caracteriza cada um como tal. Por isso, o histórico é um fenômeno essencial, intrínseco à experiência efetiva da vida que dá consistência filosófica à filosofia de tal experiência. Mediante o histórico, compreendido como experiência fática de vida, tem-se acesso às diversas formas de vida e épocas culturais e, por conseguinte, abre-se a possibilidade de formulação de uma ciência histórica consistente.[21]

A consistência da ciência histórica é dependente da apreensão e da compreensão do histórico, algo que não é tão simples na história do pensamento. Três grandes formas de apreensão e compreensão do histórico são destacadas por Heidegger: a platônica, a de Spengler e a de uma terceira via que inclui Rickert e Simmel.[22] Na primeira, tem-se a diferença entre o temporal e o supratemporal, cuja compreensão só é possível na relação entre ambas. Dessa relação, com a preponderância do supratemporal, considerado como um mundo

[21] Cf. GA 60, p. 31-38.

[22] Cf. GA 60, p. 38-45.

ideal, surgem as normas, os valores e o saber necessário a uma vida virtuosa. A segunda forma possui uma fundação gnoseológica e conceitua a história a partir da civilização. O histórico é, então, a organização humana em forma de civilização, de ordem sociocultural estabelecida. A terceira concerne à via dialética que busca unir as duas anteriores e que vê a história a partir da realização dos valores, embora jamais sejam realizados totalmente.[23]

Diante das três formas de compreensão do histórico, urge a necessidade do cuidado com a vida efetiva ou o cuidado com facticidade do *Dasein*, que é o homem enquanto existe à procura de sentido para sua própria vida. Esse cuidado implica ater-se ao significado da experiência de vida, compreendido nas mutações, no dinamismo, na abertura às diversas possibilidades que se apresentam na própria vida do *Dasein*. Por isso, o método fenomenológico a ser aplicado na análise da religião deverá assegurar a análise da vida vista em sua facticidade, implicando em romper com estruturas analíticas que desembocam em prescrições normativas e dogmatismos.[24]

Ao explicitar melhor sua fenomenologia da religião, Heidegger distingue a generalização da formalização, visando apresentar a fenomenologia como uma análise de totalidade do sentido. Trata-se de uma distinção que tem como fundo a indicação formal concebida como o uso metódico de um sentido que tem como guia a explicação fenomenológica. Por isso, o sentido do histórico está relacionado à vida efetiva, no

---

[23] Cf. GA 60, p. 45-52.
[24] Cf. GA 60, p. 52-54.

que concerne a sua temporalidade e ao sentido que o tempo adquire nessa vida. Disso decorre que a distinção supramencionada é de âmbito fenomenológico, emergente tanto na lógica matemática quanto na própria ontologia identificada com a fenomenologia.[25]

Por generalização, entende-se a universalização conforme o gênero e, por conseguinte, a qualidade sensível do que se investiga. Ela está vinculada ao âmbito real, ao contexto em que está inserido aquilo que se investiga, mas jamais deixando de relacioná-lo com um todo, no qual se encontra o outro que diverge e se diferencia do que é investigado. Por formalização compreende-se o colocar em ordem, em virtude de uma determinada configuração que caracteriza alguma coisa como objeto, que atribui à categoria a configuração de uma referência. Trata-se de uma teoria da lógica formal e ontologia formal à medida que se preocupa com a coisa originária que é experimentada, do modo – o "como" – originário em que a coisa é experimentada e do modo originário no qual o sentido da referência atua.[26] Na formalização, tem-se a atuação das direções do sentido que qualificam um fenômeno. Este, por sua vez, é a totalidade do sentido e a fenomenologia é sua explicação. A fenomenologia fornece o *logos* dos fenômenos, compreendido como o *verbum internum*. Em sua indicação formal, ela

---

[25] Cf. GA 60, p. 55-57. A identificação entre ontologia e fenomenologia no conjunto da obra heideggeriana está amplamente desenvolvida em STEIN, Ernildo. "A Fenomenologia na obra de Martin Heidegger", in *Compreensão e finitude*, op. cit., p. 162-184.

[26] Cf. GA 60, p. 57-62.

apresenta o caráter teórico do sentido de referência, explica o fenômeno investigado, situando-o no tempo histórico, que não é tempo puro e consciência pura, mas temporalidade concreta, situada e, por isso, necessitada de ser fenomenologicamente compreendida e interpretada universalmente, sem que isso implique imposição dogmática e prescrição fechada em si mesma, mas abertura à novidade que se manifesta na totalidade do próprio sentido.[27]

Na fenomenologia da religião em perspectiva heideggeriana, ainda que tenha sido formulada no início de sua carreira filosófica e que, por conseguinte, tenha se pautado pela experiência de vida fática, sua luz é a *alethéia* grega, que implica abertura ao *novum*, superação do dogmatismo, das prescrições normativas fechadas e de uma ontologia acabada, isenta de historicidade e existência humana. Pode-se afirmar, então, que se trata de uma fenomenologia hermenêutica à medida que incide na religião, enquanto experiência religiosa, passível de análise a partir da experiência fática de vida. Disso resulta a análise de três fenômenos ou experiências religiosas, supramencionados, dentre os quais se escolheu a de Santo Agostinho por apresentar tensões constitutivas da própria *faktische Lebenserfahrung*.

[27] Cf. GA 60, p. 57-65.

3. Experiência religiosa na tensão entre Deus e o homem

3.1. A importância de Santo Agostinho para a fenomenologia da religião

Santo Agostinho é um dos maiores pensadores cristãos em toda história do Cristianismo e sua importância não incide apenas na teologia, mas também na filosofia e em outras áreas do saber, tais como o direito e a política. Sua obra é vasta e muitos são os trabalhos a respeito de sua vida e obra ou de algum de seus temas. A própria vida de Agostinho indica sua inquietação, sua busca por algo que dê sentido a sua própria existência. Essa inquietação fez com que ele, ao converter-se ao Cristianismo, não desprezasse tudo o que se lhe havia experimentado, mas que o aproveitasse – e esse é o caso da influência maniqueia em sua teologia – a fim de compreender e aprofundar a fé cristã. Com isso, esse pensador cristão desenvolveu diversos tratados teológicos que têm na filosofia uma companheira ou um momento interno de sua própria produção teológica.[28]

Ao utilizar-se da filosofia, sem negar seu passado junto aos maniqueus, Agostinho apropriou-se do neoplatonismo

[28] Cf. LETTIERI, Gaetano. "Capitulo 11: Agostino", in COVOLO, Enrico dal (org.). *Storia della Teologia (I). Dalle origini a Bernardo di Chiaravalle.* Dehoniane: Bologna, 1995, p. 352-424; GILSON, Etienne. "Capítulo II: Os padres latinos e a filosofia", in *A Filosofia na Idade Média.* Tradução brasileira de Eduardo Brandão. Martins Fontes: São Paulo, 2001, p. 129-158.

para produzir sua teologia, elaborar sua experiência mística e os diversos tratados, dentre os quais se destacam a trindade, a graça e a antropologia. Sua metodologia caracterizou-se como caminho de via interior, apreendendo-se da filosofia como *ars bene vivendi*, para alcançar a sabedoria, a verdadeira felicidade, a virtude e a verdade. Assim sendo, Agostinho visou a *beata vita*, compreendendo-a como encontro com Deus, mas em nenhum momento imaginou ou demonstrou algo similar, que esse encontro fosse desvinculado da história[29] que constitui a existência humana. Por isso, a busca de Deus se caracteriza por compreender a história humana, o amor em sua condição de caridade que emerge do interior do homem, mediante a graça de Deus, e que desperta como desejo de Deus, com a possibilidade de entrar em tensão com outros desejos.[30] Mas Deus será constantemente buscado por Agostinho, exigindo uma permanente atenção ao significado da *beata vita* e, por conseguinte, à verdadeira religião, à espiritualidade, ao conhecimento mediante a articulação entre fé e razão, e à abertura do homem à graça de Deus, que é amor, para que, ao recebê-la, o homem passe também a amar a Deus.[31]

[29] Cf. LETTIERI, Gaetano. *Il senso della storia in Agostino d'Ipona*. Borla: Roma, 1988.
[30] Cf. ARENDT, Hannah. *O conceito de amor em Santo Agostinho. Ensaios de interpretação filosófica*. Tradução portuguesa de Alberto Pereira Dinis. Piaget: Lisboa, 1997.
[31] Cf. PASTOR, Félix Alejandro. "Quaerentes summum Deum", in *Gregorianum* 81/3(2000), p. 453-491.

Ao escolher Santo Agostinho para efetivar sua concreta análise fenomenológica, Heidegger escolheu livro X das *Confissões*, em função de ser o pensador de Hipona um dos maiores pensadores da tradição ocidental cristã,[32] por ter sido objeto de investigação no âmbito da história dos dogmas[33] e da constituição das ciências do espírito.[34] Ademais, é nessa obra que o pensador cristão assume um estilo de confissão que não é sinônimo exclusivo de confissão dos pecados, mas de relato acerca de sua própria vida. E não se trata de um relato meramente descritivo, mas analítico e fundado em sua própria existência. Com toda evidência, encontra-se na obra conotações de responsabilidade moral do homem pelo erro e pelo pecado e, por conseguinte, que impulsionam o homem a olhar para um princípio gerador da verdadeira moral: Deus. Com isso, Agostinho concentra-se na busca de Deus no interior de sua vida e, por isso, ainda que sua obra possa parecer uma autobiografia, seu intento é relacionar-se com Deus, efetuando a experiência do amor.[35]

---

[32] Cf. TROELTSCH, "Ernst. !Augustin, die christliche Antike und das Mitelalter", in Anschluss an die Schrift De Civitate Dei. Oldenbourg: München – Berlin, 1915.

[33] Cf. HARNACK, Adolf. *Lehrbuch der Dogmengeschichte (III). Die Entwikkelung des kirchlichen Dogmas*. Möhr: Tübingen, 1910.

[34] Cf. DILTHEY, Wilhelm. *Der Aufbau der geschichtlichen Welt in den Geisteswissenschaften*. Suhrkamp Verlag: Frankfurt am Main, 1970.

[35] Cf. FISCHER, Norbert. "Narrativa – Reflexão – Meditação. O problema do tempo na estrutrura global das *Confessiones*", in Centro de Literatura e Cultura Portuguesa e Brasileira – Faculdade de Ciências Humanas (orgs.). *Actas do Congresso Internacional. As Confissões de Santo Agostinho: 1600 anos depois: Presença e Actualidade*. Universidade Católica Portuguesa: Lisboa, 2002, p. 255-266; GONÇALVES, Joaquim Cerqueira. "Confissões de Santo Agostinho – Memória e Perdão", in Idem, Ibidem, p. 767-788.

A obra *Confissões*[36] é constituída de treze livros, sendo que os nove primeiros se referem ao passado de sua vida, os três últimos apontam para uma teologia da criação e o décimo corresponde a sua vida presente. Com isso, Agostinho se encontra em estado meditativo acerca do presente de sua vida e, em profundo diálogo com Deus mediante o diálogo consigo mesmo, aprofundando seu "eu" interior, atendo-se a sua intimidade mais íntima, remete-se à memória, ao conceito de *beata vita*, às tentações e às moléstias, tendo como perspectiva fundamental, conforme a análise fenomenológica de Heidegger, o cuidado com a vida.[37]

3.2. Fenomenologia da religião: a análise heideggeriana das Confissões de Agostinho

A análise heideggeriana concentra-se em estruturar a obra *Confissões* em introdução – capítulos de I a VII; – a memória – capítulos de VIII a XIX; – a *beata vita* – capítulos de XX a XXIII; – o "como" do perguntar e do ouvir – capítulos XXIV a XXVII; – o *curare* como traço fundamental da vida fáctica – capítulos XXVIII a XXIX; – a primeira forma de

---

[36] Cf. Agostinho, Santo. *Confissões*. Edição bilíngue e tradução portuguesa de Arnaldo do Espírito Santo – João Beato – Maria Cristiana de Castro Maia Pimentel. Centro de Literatura e Cultura Portuguesa e Brasileira – Imprensa Nacional – Casa da Moeda: Lisboa, 2000.

[37] Cf. Gonçalves, Paulo Sérgio Lopes. "A religião na Pós-modernidade. Análise fenomenológica da vida religiosa", in *Ontologia hermenêutica e Teologia*. Santuário: Aparecida (SP), 2011, p. 59-105.

tentação: concupiscência da carne – capítulos XXX a XXXIV; – a segunda forma de tentação: concupiscência dos olhos – capítulo XXXV; – a terceira forma de tentação: a soberba – capítulos XXXVI a XXXVIII; – a autocomplacência diante do si mesmo – capítulo XXXIX; – e a moléstia como facticidade da vida – conclusão. Essa análise está sintetizada no âmbito da memória, da *beata vita*, das tentações e da moléstia concebida na perspectiva do *curare.*[38]

A memória é um tema bastante desenvolvido por Agostinho e fundamental em sua compreensão de Deus e do homem, além de ter servido à fundamentação filosófica de investigações sobre o amor e a história. Trata-se de um elemento que constitui o homem que se refere ao tempo, não apenas como passado, mas também como presente e futuro. Pela memória, o homem se coloca diante de sua própria vida ao recordar seu passado e, recordando-o, remete-o a seu presente e, ao prospectar seu futuro, antecipa-o à medida que se lembra em fazê-lo. Ao se colocar diante de sua própria vida, o homem experimenta seus afetos, denominados como *pertubationes animi*, desenvolvidos como *cupiditas*, *laetitia*, *metum et tristitia*, em função de que a memória é vida e, por isso, corresponde essencialmente ao modo de existência humana. Pela memória, o homem desenvolve os sentimentos da alma, atém-se à imagem que se manifesta à primeira vista e sua respectiva representação, e até mesmo aos eventos esquecidos, os quais

[38] Neste sentido, continua-se a seguir a mesma lógica de GONÇALVES, Paulo Sérgio Lopes. "A religião na pós-modernidade. Análise fenomenológica da vida religiosa", op. cit., p. 69-92.

são lembrados em função da atividade da memória. A importância da memória é crucial ao homem, porque ela o remete a seu "eu", a sua interioridade e, por conseguinte, àquilo que é o buscado pelo próprio homem: Deus. Dessa forma, afirma-se que a memória é a vida do homem e é nela que se encontra o que o homem mais deseja: Deus.[39]

Pela memória, o homem concebe a *beata vita*, elemento fundamental para encontrar o buscado. A *beata vita* não é um estado específico que o homem alcança, em um determinado momento e espaço, nem mesmo uma situação que se encerra em um estado que, conceitualmente, é a verdade acabada. A *beata vita* é o que o homem busca à medida que busca Deus. Essa busca é ativada mediante a articulação da memória com a consciência do homem, que o remete a seu si mesmo. Com isso, o homem despertado pelo desejo da *beata vita* se defronta com sua vida fática, nela se debruça para encontrar a verdadeira vida, vivida na alegria e no gozo. Ao debruçar-se na própria vida, visando encontrar a *beata vita*, o homem interroga a si mesmo e, com o auxílio da memória ativada pela alma, recorre a seus afetos e, conhecendo seus sentimentos, busca conhecer seu "eu" para encontrar a Deus. Desse modo, a busca de Deus, enquanto busca da *beata vita*, não acontece sem a experiência de decadência em concomitância com a experiência do acesso. Por isso, a formação do "eu", necessária para buscar e encontrar a *beata vita*, exige que a vida fática tenha como traço fundamental o *curare*, a fim de que o homem, compre-

[39] Cf. GA 60, p. 182-192.

endido como *Dasein*, mergulhe no todo de sua vida. E ao realizar esse mergulho, o homem fará a experiência da dispersão, possibilita-lhe vivenciar o *Timor* e o *desiderum*, a *prosperitas* e a *adversitas*, atingindo o ápice da própria existência.[40]

Na busca da *beata vita*, mediante o *curare*, o *Dasein* defronta-se com as tentações. Agostinho destaca três tentações: a da carne, a dos olhos e a da soberba. A análise heideggeriana é totalmente isenta de moralismo e prescrições previamente estabelecidas e imbuídas do fio condutor de sua fenomenologia: a vida fática.[41] O princípio heideggeriano é o de que toda tentação remete à concupiscência, compreendido como desejo humano contínuo de uma concentração mundana – objetiva – de poder de atração.[42] Esse poder mundano, colocado em perspectiva confessional, é confrontado com o próprio comportamento humano frente a ele. Novamente, a questão do "eu" humano é fundamental para a busca da *beata vita*, pois o homem se defronta consigo mesmo, pergunta sobre sua própria identidade, exercitando dessa maneira seu próprio dinamismo existencial em seu quotidiano.[43]

A tentação ou concupiscência da carne corresponde ao desejo e ao desenvolvimento da atração pelos aromas – *illecebra odorum*; pelos prazeres dos ouvidos – *voluptas aurium*; e dos olhos – *voluptas oculorum*; e por outros estímulos ex-

[40] Cf. GA 60, p. 192-210.

[41] Cf. PÖGGELER, Otto. "Metafísica e historia acontecida", in *El camino del pensar de Martin Heidegger*, op. cit., p. 29-48.

[42] Cf. GA 60, p. 211.

[43] Cf. GA 60, p. 210-214.

teriores – *operatores et sectatores pulchritudinum exteriorium.* Esses desejos articulam delícias e calamidades, volúpia por ultrapassar fronteiras e necessidade em limitá-las, o perigo em errar ao atender o desejo e gozo por realizá-lo. Disso resulta uma interrogação fundamental: pode o homem buscar a Deus realizando os desejos da carne? Ao intentar-se em responder a essa interrogação, o homem se defronta com o desafio de viver autenticamente sua existência, vivendo essa experiência de modo histórico-existencial e, por conseguinte, tomando as decisões necessárias no bojo da própria vida. É aqui que se encontra nexo existencial da experiência religiosa: ao defrontar-se com os desejos da carne, o homem é interpelado à decisão, adentrando-se em situações de risco e de insegurança, e também em situações de segurança e em experiências de apropriação dos resultados acessíveis aos afetos do espírito. O homem entra no horizonte da decisão dentro de uma totalidade vital, cuja disposição é relacionada à experiência fática da própria vida, podendo experimentar a miséria e a luz verdadeira.[44]

A tentação ou concupiscência dos olhos possibilita que o homem desenvolva a curiosidade frívola do saber, em função de que seu despertar ao conhecimento é marcado por um apetite *des experiendi*,[45] que desemboca na ânsia pelo conhecimento do desconhecimento, daquilo que continua coberto. Por essa curiosidade o homem pode decair na magia, na mística e na teosofia, mas também pode encontrar a luz verdadeira

---

[44] Cf. GA 60, p. 214-222.
[45] Cf. GA 60, p. 223.

à medida que o próprio suporta que o homem, ao desenvolver essa curiosidade, decida por ver a luz que clarifica sua própria realidade.[46]

Ao analisar a tentação ou concupiscência da soberba, Heidegger incide no estado de espírito do homem, da vigência de sua experiência fática e mundana. O homem desenvolve a soberba à medida que aspira ser simultaneamente temido e amado, de buscar louvor próprio que o coloca em patamar que o enche de prazer. No entanto, o homem aspira também a *beata vita* e esta, por sua vez, é *donum*, *gratia*, *iustitia Dei*, propiciando-lhe tomar consciência de que o louvor a Deus é maior que a vanglória própria, embora a tensão entre ser louvado de modo mais intenso que louvar a Deus esteja presente na vida humana. Isso acontece porque o homem busca a Deus, estando imerso no mundo, compartilhando-se dele e, por conseguinte, entregando-se aos nexos de sua própria existência.[47]

Ao defrontar-se com as tentações, o homem se coloca diante de sua autocomplacência , porque ele pode tomar por boas as coisas não boas, está aberto à possibilidade de alcançar a Deus, possui o mérito naquilo que realiza e está aberto à decadência que é sua inserção e compartilhamento no mundo. Com isso, o homem, em sua condição de *Dasein*, apresenta-se, no âmbito ôntico de sua existência, tal como é em sua história existencial, capaz de mergulhar no mundo compartilhado, buscando o buscado, vivenciando em sua existência o acesso

[46] Cf. GA 60, p. 222-227.
[47] Cf. GA 60, p. 227-234.

como *bonum* e a decadência como possibilidade de experimentar as tentações.[48]

Diante desse caminho da existência, Heidegger aponta a moléstia como faticidade da vida, realizada na decadência e no acesso da existência, elementos constitutivos da vida. Por isso, o homem se descobre ao viver a vida, compreendendo-a como um conjunto de possibilidades da *tentatio*. Isso significa que o homem experimenta a moléstia identificada com a faticidade de vida – decadência e acesso –, em função da determinação de seu sentido, pelo modo genuíno de vida. Desse modo, o *curare* é acionado como atenção, ocupação, preocupação, com a faticidade de vida, cujo desdobramento se efetiva na importância da existência vital concebida em seu todo e em seu dinamismo de decadência e acesso, na necessidade de o homem viver a vida em sua existência, tomando suas decisões e caminhando, e abrindo novos caminhos de existência. E é no cuidado da vida em sua faticidade que o homem efetua a experiência religiosa, encontra-se com o que ele busca: Deus. Assim sendo, Deus não é para o homem um ente absoluto e supremo, inacessível, mas é o outro encontrado à medida que esse mesmo homem mergulha na existência de sua vida, decaindo e ascendendo, assumindo sua história, tornando-a existencialmente real e efetiva, confrontando-se com as tentações e decidindo constantemente pela busca da *beata vita*.[49]

---

[48] Cf. GA 60, p. 235-241.
[49] Cf. GA 60, p. 241-246.

4. Caráter contemporâneo da análise fenomenológica heideggeriana da religião

Objetivou-se neste artigo apresentar a análise filosófica da religião, efetuada por Martin Heidegger. Para atingir esse objetivo, expôs-se o contexto filosófico em que Heidegger está inserido: suas preocupações com a metafísica e com a nova lógica, a fenomenologia, a hermenêutica e seu intento em construir uma nova ontologia. Com isso, constatou-se que o filósofo alemão identifica filosofia com fenomenologia e esta com ontologia, assumindo a perspectiva hermenêutica. Dessa forma, tem-se nesse pensador uma fenomenologia hermenêutica, a qual foi aplicada na análise da religião. Em seguida, tomou-se precisamente o curso de 1920-1921 como fonte para conceituar fenomenologia da religião e para apresentar sua análise acerca do livro X das *Confissões* de Santo Agostinho.

O pensamento filosófico de Heidegger está situado, surge processualmente e sua análise fenomenológica da religião se centra no que se denominou de *faktische Lebenserfahrung*. Justifica-se essa centralidade o fato de que Heidegger considera a comunidade cristã primitiva como uma entidade que experimenta a religião a partir de sua própria experiência significativa de vida. Assim sendo, o cristianismo primitivo é menos doutrinal e mais vivencial, e por isso a preocupação com o tempo não se fundamenta em uma sequência cronológica de passado, presente e futuro, mas na afirmação do presente que retoma o passado e antecipa o futuro. Isso justifica que as cartas paulinas, o livro X das *Confissões* de Agostinho – e não toda a obra e outras obras do pensador e bispo de Hipona – e a mística medieval tenham sido suas fontes de análise no curso supramencionado.[50]

Com toda evidência, não se pode atribuir ao curso de 1920-1921 o amadurecimento do conceito de tempo[51] à luz do *Dasein* da obra *Sein und Zeit*[52] e à luz do *Ereignis* das obras *Briefen zur Humanismus*[53] e *Zeit und Sein*,[54] mas é visível que o presente é ponto de convergência do passado e do futuro. Exemplo claro é o valor ontológico e ôntico que Heidegger dispensa à memória, concebida como vida. Assim, a memória é vida e é tempo, e tempo é vida. O homem sem memória não possui vida, porque está isento de tempo e, por conseguinte, não possui temporalidade – passado, presente e futuro – que incida no próprio tempo. Pois é no tempo que o homem experimenta sua vida como existência, constituída de angústia, medo, tristeza, alegria, desejo, dádiva, esperança. Então, o homem é *Dasein* à medida que o seu ser está situado em um "aí", constituído de história, de dinamismo, de vitalidade existencial.

---

[50] Cf. VATTIMO, Gianni. "Hos Mé. Heidegger e o Cristianismo", op. cit., p. 151-155; PÖGGELER, Otto. "Metafísica e historia acontecida", op. cit., p. 38-48.

[51] Cf. HEIDEGGER, Martin. *Der Begriff der Zeit.* Max Niemeyer Verlag: Tübingen, 2003. Tradução portuguesa de Irene Borges Duarte. *O conceito de tempo.* Fim do século: Lisboa, 2003.

[52] Cf. HEIDEGGER, Martin. *Sein und Zeit.* Gesamtausgabe 2. Aos cuidados de Friedrich Wilhelm Von Hermann. Vittorio Klostermann: Frankfurt am Main, 1977.

[53] Cf. HEIDEGGER, Martin. "Carta sobre o humanismo", in *Marcas do caminho.* Tradução brasileira de Enio Paulo Giachini e Ernildo Stein. Vozes; Petrópolis, 2008, p. 326-376.

[54] Cf. HEIDEGGER, Martin. "Tempo e Ser", in *Martin Heidegger. Conferências e Escritos Filosóficos. Coleção Os pensadores.* Tradução de Ernildo Stein. Abril Cultural: São Paulo, 1991, p. 203-219.

Ao considerar a existência do homem, ontológica e onticamente, Heidegger analisa a religião, considerando a experiência fática de vida. Por isso, a religião não é algo ultrapassado e findado na vida humana, conforme se afirmara no âmbito da filosofia positivista[55] e da psicanálise de Freud,[56] nem tampouco deva ser considerada tão somente em sua situação institucional e constituída de prescrições morais e dogmáticas. A religião deve ser concebida como experiência de vida, na qual se experimenta a decadência e o acesso, a tensão inerente ao próprio mundo em que o homem vive. Nisso reside a importância dispensada por Heidegger à concepção agostiniana de *beata vita*, cuja consistência é buscar a Deus – o *buscado* – na própria vida mundana em que o homem está inserido. Nessa busca da *beata vita* no mundo em que o homem compartilha sua vida com outrem, manifestam-se as tentações da carne, dos olhos e da soberba, as quais devem ser cuidadas ontológica e onticamente, à medida que é defrontando-se com elas, vivenciando-as, que o homem pode ter acesso à *beata vita*. Nesse sentido, com todas as suas implicações semânticas e filosóficas, o *curare* da vida é importante para se conceber fenomenologicamente a religião como experiência viva, isentando-a de algo próximo ou análogo à fuga do mundo. A religião, em sua condição de exprimir relação entre Deus e o homem,

[55] Cf. Comte, Augusto. "Curso de Filosofia Positiva", in *Augusto Comte*. Coleção Os Pensadores. Tradução brasileira de José Arthur Giannotti e Miguel Lemos. Abril Cultural: São Paulo, 1991, p. 1-39.

[56] Cf. Freud, Sigmund. "O futuro de uma ilusão", in *Sigmund Freud*. Coleção Os pensadores. Tradução brasileira de José Octávio de Aguiar Abreu. Abril Cultural: São Paulo, 1978, p. 85-128.

é uma experiência da própria vida humana, com todas as suas tensões, decadência e acesso.

A análise fenomenológica da religião efetuada por Heidegger é pertinente e relevante à análise da religião na era contemporânea, especialmente quando se concebe a perspectiva pós-moderna. A religião na pós-modernidade manifesta-se no clima de pluralismo de experiências religiosas e de religiões, no nomadismo confessional, nas expressões simbólicas e rituais das culturas concebidas na pluralidade e na respectiva singularidade, na indiferença confessional e nos fundamentalismos religiosos. A crítica moderna à religião e até mesmo o decreto acerca da morte de Deus não significam que a religião chegou a seu fim e que não possui mais sentido à vida do homem contemporâneo. Ao contrário, a religião continua tendo sentido à vida humana, mas não mais experimentada à luz de prescrições morais e dogmáticas e de conceitos da metafísica desvinculada da vida.[57] Nesse sentido, a crítica heideggeriana à metafísica não significa destruição, no sentido literal, mas redimensionamento, reconstrução hermenêutica, que possibilita uma nova compreensão e interpretação da religião a partir da experiência de vida do homem.[58]

---

[57] Cf. HEIDEGGER, Martin. "A palavra de Nietzsche 'Deus morreu'", in *Caminhos de Floresta*. Tradução portuguesa de Alexandre Franco de Sá. Fundação Calouste Gulbenkian: Lisboa, 1998, p. 241-305.

[58] Cf. VON HERMANN, Friedrich Wilhelm. *Die Metaphysik im Denken Heideggers*. Tradução italiana de Ancieto Molinaro: *La metafisica nel pensiero de Heidegger*. Urbaniana: Cittá del Vaticano, 2004.

Embora a análise fenomenológica da religião apresentada por Heidegger tenha sua eficácia, possibilitando uma efetiva hermenêutica da faticidade,[59] sua consistência se aperfeiçoa para aprimorar a análise em termos pós-modernos, à medida que se compreende a necessidade de elaborar um pensamento meditativo,[60] marcado por serenidade – *Gelesenheit*[61] –, que pensa a religião não a partir do ente supremo – Deus –, o que poderia ser a função da teologia, mas a partir da existência humana, do acontecimento-apropriação – *Ereignis* –, em que a experiência religiosa, enquanto experiência do divino, está no âmago da vida do homem, com todos os seus desejos, tensões, inclusive aqueles trazidos pela técnica da era contemporânea e pelo pensar fragmentado, e esperança.[62]

Enfim, a análise heideggeriana da religião se debruça sobre a vida do homem, defrontando-se com seus diversos contextos em que a religião é experimentada, visando

---

[59] Cf. HEIDEGGER, Martin. *Ontología. Hermenéutica de la facticidad.* Tradução espanhola de Jaime Aspiunza. Alianza Editorial: Madrid, 2008.

[60] Cf. HEIDEGGER, Martin. *Was heisst denken?* Max Niemeyer Verlag: Tübingen, 1997. Nesta obra, o filósofo alemão distingue o pensamento fragmentado do pensamento meditativo. O primeiro é tipicamente herdeiro da modernidade que messianizou a ciência de fundamentação meramente empírica, prescindindo do todo da realidade humana. O segundo corresponde ao pensamento que, com serenidade, pensa o sentido de cada coisa, conforme o todo, medita sobre aquilo que pensa, para proferir um *logos* que aponte o sentido da vida humana, concebida em seu caráter existencial.

[61] Cf. HEIDEGGER, Martin. *Serenidade.* Tradução portuguesa de Maria Madalena Andrade e Olga Santos. Piaget: Lisboa, 2000.

[62] Cf. SCHAEFFLER, Richard. *Frömmigkeit des Denkens? Martin Heidegger und die Katholische Theologie.* Wissenschaftliche Buchgesellschaft: Darmstadt, 1978.

compreender o que é propriamente o homem que busca a *beata vita*, isentando-se da fuga de seu mundo e abraçando um horizonte de abertura – *aletheia* – que o coloque sempre em uma condição de existência denotativa de seu sentido. Portanto, a experiência religiosa é uma experiência profunda da relação do homem com o Deus, cuja mediação é o homem concebido ontologicamente em sua existência, mergulhado no mundo em que ele compartilha, experimentando decadência e acesso, e cuidado para que tal experiência lhe seja sempre passível e constituída de plena vida. Dessa forma, quanto mais o homem experimentar a vida, defrontando-se consigo mesmo, na busca de sentido, mais densa e intensa será sua experiência religiosa e, por conseguinte, a experiência do divino. Uma análise fenomenológica da religião não pode prescindir da vida do homem, porque é por ela que o homem tem acesso ao que ele mesmo denomina de divino, buscando ser feliz em sua vida.

Referências bibliográficas

AGOSTINHO, Santo. *Confissões.* Edição bilíngue e tradução portuguesa de Arnaldo do Espírito Santo – João Beato – Maria Cristiana de Castro Maia Pimentel. Centro de Literatura e Cultura Portuguesa e Brasileira – Imprensa Nacional – Casa da Moeda: Lisboa, 2000.

ARENDT, Hannah. *O conceito de amor em Santo Agostinho. Ensaios de interpretação filosófica.* Tradução portuguesa de Alberto Pereira Dinis. Piaget: Lisboa, 1997.

BORGES DUARTE, Irene. "Husserl e a Fenomenologia Heideggeriana da Fenomenologia", in *Phainomenon* 7 (2003), p. 87-103.

CAPELLE, Philippe. "O divino e Deus em Martin Heidegger", in LANGLOIS, Luc – ZARKA, Yves Charles (orgs.). *Os filósofos e a questão de Deus*. Tradução brasileira de Luiz Paulo Rouanet. Loyola: São Paulo, 2009, p. 307-330.

COMTE, Augusto. "Curso de Filosofia Positiva", in *Augusto Comte*. Coleção Os Pensadores. Tradução brasileira de José Arthur Giannotti e Miguel Lemos. Abril Cultural: São Paulo, 1991, p. 1-39.

DARTIGUES, André. *O que é Fenomenologia?* Tradução brasileira de Maria José J. G. de Almeida. Centauro: São Paulo, 2010.

DILTHEY, Wilhelm. *Der Aufbau der geschichtlichen Welt in den Geisteswissenschaften*. Suhrkamp Verlag: Frankfurt am Main, 1970.

__________. Psicologia e compreensão. Ideias para uma psicologia descritiva e analítica. Tradução portuguesa de Artur Morão. Edições 70: Lisboa, 2002.

DOTOLO, Carmelo. "Capitolo 22: Joseph Maréchal", in FISICHELLA, Rino (org.) *Storia della Teologia (III). Da Vitus Pichler a Henri de Lubac*. Dehoniana: Bologna, 1996, p. 691-697.

FILORAMO, Giovani – PRANDI, Carlo. *As ciências das religiões*. Tradução brasileira de José Maria de Almeida. Paulus: São Paulo, 1999.

FISCHER, Norbert. "Narrativa – Reflexão – Meditação. O problema do tempo na estrutura global das *Confessiones*", in Centro de Literatura e Cultura Portuguesa e Brasileira –

Faculdade de Ciências Humanas (orgs.). *Actas do Congresso Internacional. As Confissões de Santo Agostinho: 1600 anos depois: Presença e Actualidade*. Universidade Católica Portuguesa: Lisboa, 2002, p. 255-266.

FREUD, Sigmund. "O futuro de uma ilusão", in *Sigmund Freud.* Coleção Os pensadores. Tradução brasileira de José Octávio de Aguiar Abreu. Abril Cultural: São Paulo, 1978, p. 85-128.

GILSON, Etienne. *A Filosofia na Idade Média.* Tradução brasileira de Eduardo Brandão. Martins Fontes: São Paulo, 2001, p. 129-158.

GONÇALVES, Joaquim Cerqueira. "Confissões de Santo Agostinho – Memória e Perdão", in Centro de Literatura e Cultura Portuguesa e Brasileira – Faculdade de Ciências Humanas (orgs.). *Actas do Congresso Internacional. As Confissões de Santo Agostinho: 1600 anos depois: Presença e Actualidade.* Universidade Católica Portuguesa: Lisboa, 2002, p. 7667-788.

GONÇALVES, Paulo Sérgio Lopes. "A identidade da teologia no estudo da religião", in *REB* 71 (2011), p. 19-24.

__________. *Ontologia hermenêutica e Teologia.* Santuário: Aparecida (SP), 2011, p. 59-105.

HARNACK, Adolf. Lehrbuch der Dogmengeschichte(III). Die Entwikkelung des kirchlichen Dogmas. Möhr: Tübingen, 1910.

HEIDEGGER, Martin. "A palavra de Nietzsche 'Deus morreu'", in *Caminhos de Floresta.* Tradução portuguesa de Alexandre Franco de Sá. Fundação Calouste Gulbenkian: Lisboa, 1998, p. 241-305.

HEIDEGGER, Martin. "Carta sobre o humanismo", in *Marcas do caminho*. Tradução brasileira de Enio Paulo Giachini e Ernildo Stein. Vozes; Petrópolis, 2008, p. 326-376.

__________. "Tempo e Ser", in *Martin Heidegger. Conferências e Escritos Filosóficos. Coleção Os pensadores*. Tradução de Ernildo Stein. Abril Cultural: São Paulo, 1991, p. 203-219.

__________. *Der Begriff der Zeit*. Max Niemeyer Verlag: Tübingen, 2003. Tradução portuguesa de Irene Borges Duarte. *O conceito de tempo*. Fim do século: Lisboa, 2003.

__________. *Ontología. Hermenéutica de la facticidad*. Tradução espanhola de Jaime Aspiunza. Alianza Editorial: Madrid, 2008.

__________. "Phänomenologie des Religösen Lebens", in '*Gesamtausgabe* 60'. Aos cuidados de Mathias Jung, Thomas Regehly e Claudius Strube. Vittorio Klostermann: Frnakfurt am Main, 1995.

__________. *Sein und Zeit*. Gesamtausgabe 2. Aos cuidados de Friedrich Wilhelm Von Hermann. Vittorio Klostermann: Frankfurt am Main, 1977.

__________. *Serenidade*. Tradução portuguesa de Maria Madalena Andrade e Olga Santos. Piaget: Lisboa, 2000.

__________. *Was heisst denken?* Max Niemeyer Verlag: Tübingen, 1997.

LEÃO XIII. "Carta encíclica Aeterni Patris. De philosophia christiana ad mentem S. Thomae Aquinatis in scholis catholicis instauranda", in *Civiltà Cattolica* 30 (1879), p. 513-550.

LETTIERI, Gaetano. "Capitulo 11: Agostino", in COVOLO, Enrico dal (org.). *Storia della Teologia (I). Dalle origini a Bernardo di Chiaravalle*. Dehoniane: Bologna, 1995, p. 352-424.

LETTIERI, Gaetano. *Il senso della storia in Agostino d'Ipona.* Borla: Roma, 1988.

MAC DOWELL, João. "As bases do pensamento filosófico de Heidegger", in *A gênese da ontologia fundamental de M. Heidegger*. Loyola: São Paulo, 1993, p. 23-39.

PASTOR, Félix Alejandro. "Quaerentes summum Deum", in *Gregorianum* 81/3 (2000), p. 453-491.

PÖGGELER, Otto. *El camino del pensar de Martin Heidegger.* Tradução espanhola de Félix Duque Pajuelo. Alianza Editorial: Madrid, 1986.

SCHAEFFLER, Richard. *Frömmigkeit des Denkens? Martin Heidegger und die Katholische Theologie*. Wissenschaftliche Buchgesellschaft: Darmstadt, 1978.

SCHLEIERMACHER, Friedrich. *Hermenêutica. Arte e técnica da interpretação.* Tradução brasileira de Celso Reni Braida. Vozes – São Francisco: Petrópolis – Bragança Paulista, 2003.

STEIN, Ernildo. "A Fenomenologia Hermenêutica", in *Compreensão e Finitude. Estrutura e movimento da interrogação heideggeriana*. Unijuí: Ijuí (RS), 2001, p. 185-200.

TROELTSCH, Ernst. "Augustin, die christliche Antike und das Mitelalter", in *Anschluss an die Schrift De Civitate Dei.* Oldenbourg: München – Berlin, 1915.

__________. *Psychologie und Erkentnistheorie in der Religionswissenschaft. Eine Untersuchung über die Bedeutung der Kantischen Religionslehre für die heutige Religionswissenchaft.* Tübingen, 1905. Idem. Die *Soziallehren der christlichen Kirchen und Gruppen.* Tübingen, 1912.

Vattimo, Gianni. *Depois da Cristandade. Por um Cristianismo não religioso*. Tradução brasileira de Cynthia Marques. Record: Rio de Janeiro – São Paulo, 2004.

__________. *O fim da Modernidade. Niilismo e hermenêutica na cultura pós-moderna*. Tradução brasileira de Eduardo Brandão. Martin Fontes: São Paulo, 2002.

Von Hermann, Friedrich Wilhelm. *Die Metaphysik im Denken Heideggers*. Tradução italiana de Ancieto Molinaro: *La metafisica nel pensiero de Heidegger*. Urbaniana: Cittá del Vaticano, 2004.

IV. Paul Ricoeur e o significado hermenêutico da linguagem religiosa

Walter Salles / PUC-Campinas

Introdução

O título deste capítulo diz em algumas palavras o objetivo a que me proponho: refletir sobre o espaço de diálogo proposto por Paul Ricoeur (1913-2005) a partir de sua análise filosófico-hermenêutica da linguagem religiosa, notadamente em sua dimensão textual. Minha intenção é situar o estudo do fenômeno religioso no pensamento de Ricoeur como fenômeno linguístico que se diz através de um texto. Esse objetivo tem pelo menos três pressupostos que se encontram nos traços deixados por seu trabalho filosófico e que guiarão o percurso do presente capítulo.[1]

---

[1] Paul Ricoeur, "La philosophie et la specificité du langage religieux", in *Revue d'histoire et de philosophie*, 55/1 (1975): 13-26.

De maneira sintética, é possível dizer, em primeiro lugar, que a identidade de uma fé religiosa é apreendida a partir da linguagem que expressa a experiência humana do Sagrado, sem, contudo, reduzir a experiência religiosa a sua dimensão linguística. Em todo caso, qualquer que sejam as características de uma experiência religiosa, é na linguagem que ela se articula e ganha sentido ao ser dita para si mesmo e para os outros. O segundo pressuposto é que, apesar dos desmentidos de certa mentalidade científica, o discurso religioso, *a priori*, não está necessariamente desprovido de sentido e nele se diz algo que não é dito em outras formas de discurso. O terceiro pressuposto supõe que a filosofia deve refletir sobre a especificidade da linguagem religiosa, porque essa linguagem não só pretende ser sensata, como também verdadeira. Essa pretensão sugere o confronto com outras formas de discurso que baseiam seus critérios de cientificidade e, portanto, a possibilidade de dizer algo de verdadeiro sobre a realidade, a partir do princípio de verificação empírica e consequentemente de falsificação.

O caminho construído à luz desses pressupostos articulará a aproximação entre filosofia e linguagem religiosa, o surgimento do momento hermenêutico no pensamento de Ricoeur e a hermenêutica religiosa propriamente dita. Nessa articulação, terei em conta, como interlocutor privilegiado, a experiência religiosa monoteísta que constrói sua identidade na leitura e interpretações dos textos de sua tradição. O que não se configura como uma recusa de pensar o significado hermenêutico filosófico da linguagem religiosa em outras tradições. O monoteísmo em sua expressão linguística textual é apenas uma opção metodológica para o desenvolvimento deste trabalho.

1. Filosofia e linguagem religiosa

A fim de manifestar a possível aproximação entre duas formas de discurso, o filosófico e o religioso, ambos com pretensão à verdade, retomo a reflexão que Paul Ricoeur faz sobre duas obras do pintor holandês Rembrandt (1606-1669). No primeiro, intitulado *"Aristóteles contemplando o busto de Homero"* (1653), Ricoeur vê expressa de maneira pictural o que deve ser o trabalho filosófico: a tarefa de pensar e a busca pelo sentido.[2] Busca motivada pela provocação interpretativa que faz esse quadro de Rembrandt, uma vez que nele, ao contrário do que afirma seu título, Aristóteles não contempla o busto de Homero, simplesmente o toca com o olhar voltado para outra direção, orientado por uma busca de sentido, pode-se dizer. Além disso, o toque do filósofo no poeta expressa que a filosofia não começa do nada nem de si mesma, seu começo vem de outro, vem do tocar outra realidade, o que supõe o diálogo com outra forma de discurso. Outro dado curioso, nesse quadro Aristóteles está vestido com roupas contemporâneas, à época de Rembrandt, obviamente, ao passo que o busto de Homero permanece em sua configuração arcaica. Este detalhe assinala, para Ricoeur, a contemporaneidade da filosofia, seu contínuo contato com o presente. Contanto que é indissociável do trabalho hermenêutico como sugere a resposta dada por Ricoeur ao ser indagado sobre quais eram seus homeros. A resposta inicia pela questão da hermenêutica, entendida como interpretação contínua de textos.

---

[2] Paul Ricoeur, *L'unique et le singulier*, Liège, Alice Editions, 1999, 52-72.

A segunda obra de Rembrandt a qual me refiro é o *"Autorretrato"* de 1661.[3] A questão que se coloca Ricoeur ao contemplar esse quadro diz respeito à identidade entre o autor do retrato, o personagem histórico Rembrandt, e o personagem pictural presente na imagem do quadro. Ambos os personagens ausentes: o pintor e o pictural que extrapola a tela do quadro. A ausência do pintor é dada por sua morte ocorrida em 1669 e a do personagem que vemos no quadro deve-se ao fato de que, para pintar a si mesmo, Rembrandt contemplou sua própria imagem refletida no espelho e a recriou, interpretou, sobre a tela. A identidade entre pintor e personagem pictural é dada pelo ato interpretativo que faz Rembrandt pintar-se de uma determinada maneira e não de outra. Qual a relevância dessa metáfora pictural envolvendo a identidade humana para aproximação entre filosofia e linguagem religiosa? Uma possível resposta a essa questão está no "jogo do espelho" ao qual alude Ricoeur, pois, da mesma maneira que a pintura do quadro de Rembrandt exigiu a interpretação de si diante do espelho que fornece a imagem a ser interpretada, a linguagem religiosa em sua forma de texto fornece o instrumental linguístico para que o leitor possa interpretar a si mesmo no espelho das palavras e se dizer ao outro. Interpretação que não se restringe ao dito das palavras, mas que se estende ao agir ético diante do outro e junto com ele.

O alcance desse agir ético aponta para a postura que permite a Ricoeur se distanciar da oposição feita entre razão e fé ou, ainda, entre o discurso filosófico e o religioso, oposição que

[3] Paul Ricoeur, *Lectures 3. Aux frontiers de la philosophie*, Paris, Seuil (Coll. Points Essais 541), 1994, 13-15.

não aceita a possibilidade de aproximação entre duas maneiras de conhecer a realidade. A postura ética e intelectual de Ricoeur e a busca pela superação dessa oposição o levam a conceber um discurso filosófico que não tem mais Deus como objetivo supremo. Trata-se de uma filosofia que não se coloca como tarefa falar de Deus nem mesmo do ponto de vista de Deus, mas, pressupondo-o como centro de apelos e respostas, procura falar da realidade humana de uma maneira limitada e contingente. A reflexão filosófica ricoeuriana assume a linguagem religiosa não como uma linguagem que fala do ser de Deus, mas uma linguagem que fala humanamente da experiência de Deus, linguagem interpretativa e situada historicamente.

Como consequência dessa postura, temos em Ricoeur uma razão tornada mais modesta e uma religião mais crítica com relação a suas afirmações e suas práticas. Em suas análises em torno da linguagem religiosa, encontramos um filósofo que renuncia à soberba, à certeza de saber sozinho. Por isso, ler Ricoeur é sentir-se convidado a colocar novamente a questão da religião; é perceber que, para além das doutrinas, uma livre crença, e porque não descrença, desenvolve-se de uma maneira menos ortodoxa; é aceitar que uma tradição religiosa não deve ser somente um conjunto de enunciados doravante invariáveis, mas acima de tudo uma memória das invenções simbólicas, uma memória a espera de gestos de pensamento que reinterpretarão essa tradição, dando-lhe significados inesperados.[4]

---

[4] Gilbert Vincent, *La religion de Ricoeur*, Paris, Les Éditions de l'Atelier/Éditions Ouvrières, 2008, 18-19.

Em sua trajetória intelectual, Paul Ricoeur sempre se entendeu como filósofo e cristão, ou cristão de expressão filosófica, como para ele Rembrandt era um cristão de expressão pictural. Todavia, jamais buscou elaborar uma filosofia que pudesse ser adjetivada como cristã ou restrita ao âmbito da filosofia da religião. Talvez aí resida um dos motivos pelos quais a linguagem religiosa em Ricoeur ocupa um lugar central e periférico. Central, porque, para ele, a experiência religiosa e a linguagem que a manifesta alimentam seu gosto pelo trabalho filosófico, uma vez que não é possível filosofar isento de pressupostos, sejam eles religiosos, sociais, políticos, culturais.[5] Periférica, porque, em sua trajetória filosófica, Ricoeur possui outras motivações fundamentais (o sentido da ação humana e as preocupações morais e políticas) que não são absorvidas no interesse pela experiência religiosa. Esta experiência, ao ser tematizada, sobretudo como linguagem, o é entre tantas outras linguagens que dizem as diversas experiências humanas no cotidiano das peripécias históricas que marcam a existência do ser humano no tempo.

Nesse movimento que oscila entre central e periférico, Ricoeur concebe a filosofia como uma forma de discurso que deseja compreender a totalidade da experiência humana e que, portanto, não pode se esquivar de refletir sobre a linguagem religiosa como linguagem humana que diz a experiência do Sagrado. A religião e suas formas de expressão são o outro filosoficamente frequentável que vejo de modo particular como

[5] Paul Ricoeur, *L'herméneutique biblique*, trad. François-Xavier Amherdt, Paris, Cerf, 2005, 102.

textualidade das experiências religiosas do ser humano. O desafio posto no entrelaçamento entre filosofia e linguagem religiosa é o de mostrar a especificidade de cada discurso que faz do discurso não o lugar de uma verdade absoluta, mas, sim, de uma perspectiva particular sobre o ser humano e o mundo, ao lado de outros discursos, *a priori*, também legítimos.

Daí a necessidade de se superar (não no sentido de abandonar) a análise linguística da realidade dominada pelo princípio de verificação e de falsificação, de tal modo que é praticamente impossível outro conceito de verdade diferente daquele formulado em termos de adequação. Ricoeur defende a existência de outros critérios de verdade que não signifique somente adequação, mas também manifestação que caracteriza uma hermenêutica mais ou menos influenciada pelo pensamento de Heidegger. Não se trata de refutar a metodologia da análise linguística, mas reconhecer a especificidade da hermenêutica filosófica.

O lugar concedido à religião no âmbito da reflexão filosófica de Ricoeur faz parte do conjunto das experiências humanas, mais propriamente de uma antropologia filosófica que procura responder a questão *"o que é o homem?"*. Para essa antropologia filosófica, crer é humano e este dado antropológico é fundamental diante de uma mentalidade científica que não considera a experiência religiosa e sua linguagem como estruturas constitutivas do ser humano. Pior ainda, vê essa linguagem como um absurdo linguístico, um discurso vazio, carente de sentido, que falseia a realidade. A desqualificação da linguagem religiosa em sua pretensão à verdade, como discurso sensato que tem algo a dizer sobre o ser-no-mundo, para usar a linguagem de Heidegger, ignora que há experiências que são ditas por meio de outro tipo de código linguístico distinto do código das ciências empírico-formais. Na vida, crentes e ateus, somos movidos por crenças que não se reduzem ao critério da verificação empírica. É um dado antropológico fundamental o fato de que o conhecimento humano trabalha com informações não demonstradas empiricamente e que aceitamos como verdadeiras porque outros em quem confiamos o afirmam e estruturam suas vidas a partir dessas crenças. Alguém assume determinados valores, porque crê que, sem uma comprovação empírica imediata, o caminho percorrido por outros é válido, sensato, verdadeiro.

Assim, a fé religiosa, crer em algo ou em alguém, somente é possível a partir de uma base antropológica que articula crença e esperança e se configura em um caso particular de uma dimensão humana. A confiança em alguém é, pois, a estrutura antropológica que dará lugar à confissão de fé religiosa. Para a tradição judaica e cristã, por exemplo, a nomeação de Deus a partir das experiências humanas do Sagrado é o que especificará o religioso no interior do antropológico. Nessa especificidade da linguagem religiosa, crer em Deus é reconhecimento de uma presença, é movimento em direção ao Outro, é adesão a uma pessoa, é um voltar-se interminável para alguém que não cessa de estar ausente.

Se tomarmos o corpus bíblico como exemplo, a importância da polifonia da linguagem religiosa mostra que a diversidade que compõe esse corpus literário não deixa fundi-lo em um todo a partir do qual se pudesse dizer: esta é a verdade última e definitiva de Deus. Há tantas imagens de Deus quanto as diversas formas de falar dele. Deus se deixa conhecer por meio de discursos nos quais aparece na posição de referência e como um nome inominável, um ponto de fuga, pois encontramos Deus para continuar a buscá-lo. Nomear Deus na própria experiência não pode ser confundido com a posse definitiva e absoluta sobre sua manifestação no mundo. Por isso, crer, ter fé, é arriscar-se em uma relação com Deus que, por mais humanamente que tenha sido experimentada, permanece sempre como mistério, como o inominável.

Uma das primeiras tarefas de uma hermenêutica filosófica é identificar e descrever as formas de discursos a partir das quais a fé de uma comunidade é trazida à linguagem, como, por exemplo, narração, parábola, hino e provérbio. Essas diferentes formas de discursos, tomadas em seu conjunto, delimitam o espaço de interpretação no qual a linguagem religiosa de determinada comunidade de fé pode ser apreendida. Essas formas de discurso são comumente conhecidas sob o nome de "gêneros literários", que ajudam a fixar a experiência humana do Sagrado em sua forma textual. Nesta fixação começa o problema da interpretação, problema oriundo do distanciamento entre discurso e locutor, entre estrutura interna e referência extralinguística, entre discurso e situação original, entre locutor e auditório primitivo.

A preocupação fundamental da hermenêutica filosófica deve ser a análise das especificidades desses distanciamentos que acompanham a construção do discurso como obra, como obra textual. Essa construção é, na verdade, reconstrução do evento original, a qual se configura como novo evento de discurso. Essa maneira de proceder da hermenêutica filosófica diante da linguagem religiosa difere da análise linguística que frequentemente se dirige a enunciados teológicos como: "Deus existe", "Deus é todo-poderoso", "Deus é onipotente". Estes enunciados formulam as primeiras expressões de fé de uma comunidade em uma linguagem conceitual, derivada da filosofia especulativa, não se constituindo em objeto de uma hermenêutica filosófica da linguagem religiosa.

2. Da fenomenologia à hermenêutica (do símbolo e do texto)

O projeto filosófico de Ricoeur é fundamentalmente de natureza antropológica, a busca do sentido para a existência do ser humano no mundo.[6] No decurso desse projeto, a problemática religiosa é introduzida a partir de uma meditação sobre o mal.[7] O enigma do mal: é aí que desagua a reflexão de Ricoeur em sua obra em torno da filosofia da vontade, e a religião se impõe como novo objeto de estudo. O mal é sem dúvida um fio condutor do pensamento ricoeuriano e, de modo especial, da reflexão sobre a linguagem (símbolo, metáfora, texto). No estudo da religião, os textos dos quais Ricoeur frequentemente se apropria são qualificados não como religiosos,

---

[6] Jean GREISCH, *Paul Ricoeur. L'itinérance du sens*, Grenoble, Éditions Jérôme Millon, 2001.

[7] Paul RICOEUR, *Philosophie de la volonté* (vol. 1 e 2), Paris, Aubier, 1988. No segundo volume, encontra-se a reflexão em torno da simbólica do mal, travessia obrigatória para compreender o início do percurso hermenêutico desenvolvido por Ricoeur ao longo de sua vida.

mas, sim, como mítico-poéticos.[8] A polissemia da linguagem simbólica ou a conjunção do problema da culpabilidade com a linguagem mítica foi o ponto de partida para o deslocamento da fenomenologia para a hermenêutica dos símbolos.[9]

Essa passagem representa a rejeição do pressuposto fundamental da chamada fenomenologia pura: a transparência da consciência a si mesma. Rejeição que, por sua vez, significa a necessidade de a reflexão filosófica converter-se em hermenêutica, a tentativa de compreender o mundo plural dos signos, por meio dos quais o ser humano manifesta seu desejo de existir e ser no mundo.

O perigo constante na abordagem filosófica do mal está em uma visão negativa da condição humana, na depreciação das capacidades humanas e na exaltação do poder de Deus ou dos deuses. Uma visão antropológica negativa denunciada por Feuerbach e Nietzsche, por exemplo.[10] É a evidência de opiniões em torno da religião como ópio do povo, fuga da realidade, cerceamento da liberdade, violência para com o diferente que Ricoeur deseja descontruir. Por isso, sua teoria sobre a linguagem religiosa está inserida no contexto de grandes debates, como o demonstra sua obra sobre Freud, bem como a relação entre ideologia e utopia.[11] E, para se precaver

---

[8] Paul RICOEUR, *Le conflit des intérpretations*. Essais d'herméneutique, Paris, Seuil, 1969, 264-369.

[9] Paul RICOEUR, *Le conflit des interprétations*, p. 372-486.

[10] Ver o prefácio de *Soi-même comme un autre*.

[11] Paul RICOEUR, *De l'interprétation. Essais sur Freud*, Paris, Seuil, 1966. Idem, *Idéologie et l'utopie*, Paris, Seuil, 1997.

desse perigo, Ricoeur, ao falar do homem falível igualmente, enfatiza a noção do homem capaz. O homem capaz de realizar o que escolheu fazer, o ser humano agente e sofredor.

O enxerto da hermenêutica na fenomenologia significa para Ricoeur a transformação de seu projeto filosófico. Diante da obrigação semântica e ética de distinguir o involuntário (que se anuncia sob os traços do nascimento, do caráter e do inconsciente) e o mal, e diante do desafio que significa a experiência do mal, Ricoeur se vê levado a enriquecer a fenomenologia com uma hermenêutica dos textos – religiosos e trágicos – que, sem dissipar o enigma do mal, se esforçam para lhe conferir um sentido aceitável, se empenham em dar um sentido ao sem sentido.

Voltemos à lição proporcionada pelo quadro de Rembrandt, *"Aristóteles contemplando o busto de Homero"*. Nesta obra de arte, além dos dois personagens que dão título ao quadro, Aristóteles e Homero, há um terceiro personagem: Alexandre, o Grande, cuja figura está cunhada em uma medalha colocada sobre o ombro de Aristóteles. Esta medalha ou a figura de Alexandre está ali para lembrar que a filosofia somente pode continuar sua obra reflexiva caso mantenha uma relação ativa com o político que representa a paz pública, a possibilidade de que o discurso filosófico exista em uma ordem pública tranquila.[12] O entrelaçamento entre política e discurso filosófico evidencia a tensão que caracteriza a relação entre a busca da verdade e a desrazão

[12] Paul Ricœur, *Lecture 1. Autour du politique*, Paris, Seuil (Coll. Points Essais 362), 1991, 161-195.

da violência, sofrida e cometida, e a existência do mal no mundo. Para Ricoeur, *"o mal é o que é e não deveria ser, mas do qual não podemos dizer por que é"*.[13]

A reflexão sobre a simbólica do mal é a análise de um corpus literário preciso, pertencente a uma tradição particular, a fim de perceber a especificidade da linguagem religiosa. Nesse sentido, a importância do relato da queda (livro do Gênesis) está na articulação entre o problema antigo da existência do mal e a necessidade de salvação. O relato adâmico, para Ricoeur, não é uma lição daquilo que somos: pecadores. Adão e Eva devem ser compreendidos como personagens narrativos e não históricos, o relato não tem valor explicativo, o relato é um relato, um modo de expressão literário que não deve ser tomado por conceito teológico.

A problemática em torno da existência do mal e da linguagem que o expressa diz respeito também à nomeação de Deus e às imagens usadas para se referir à divindade. Nesse contexto, trata-se de superar a contradição entre a existência de Deus e a existência do mal (sofrimento, dor, morte). *"Ou Deus pode e não quer evitar o mal, e então não é bom; ou quer e não pode, e então não é onipotente."*[14] Em ambas alternativas, a princípio, Deus não é Deus, pois ou ele é sádico, ou impotente. Recorrer ao ateísmo, Deus não existe, provavelmente não solucionaria o dilema humano, pois o mal não deixaria de existir. Tampouco ajudaria dizer que Deus não acaba com o mal no mundo por motivos misteriosos, pois quem, sen-

---

[13] Paul Ricoeur, "Le scandale du mal", *Esprit* 140-141 (1968): 62.
[14] Filósofo Epicuro (341-270 a.C.).

do bom e podendo, não acabaria com a dor e o sofrimento humanos?

De onde vem o mal? Por que o praticamos? Como interpretar o sofrimento injusto? Fundamentalmente, o mal diz respeito a uma problemática da liberdade humana. E a vontade humana não é nunca de início neutra, sem história, sem natureza, sem hábitos. A linguagem religiosa é uma maneira antiguíssima de se expressar a problemática do mal: a finitude e a fragilidade da existência humana; o ser humano exposto à dor e ao sofrimento, à mercê do insucesso e da frustração. A filosofia grega, por sua vez, foi uma tentativa de retomar as respostas mítico-religiosas, conforme os ditames da razão, da lógica e da ordem.

A relevância da reflexão em torno do mal na trajetória filosófica de Paul Ricoeur está, pois, no fato do acesso à dramaticidade de a existência humana, marcada pela desrazão do mal, exigir o uso de uma linguagem simbólica. O acesso mediatizado por meio do símbolo o leva a afirmar que "o símbolo dá a pensar" na conclusão de sua reflexão sobre a simbólica do mal.[15] Dar a pensar significa um trabalho (uma tarefa) a ser feito; significa ainda um dom, pois o símbolo nos dá o poder de pensar, implica abertura e indefinição; trata-se de pensar para além de todo pensamento atual e de toda tradição (entendida como memória dos pensamentos que nos precederam), para além, mas jamais sem eles. No caso concreto da linguagem religiosa, não se trata de um instrumental linguístico que

---

[15] Paul Ricoeur, *Philosophie de la volonté. Finitude et culpabilité*, Paris, Éditons Points, 2009, 565-577.

nos dá acesso a verdades que a ciência ainda não descobriu. Dar a pensar é diferente de dar a conhecer. Querer fazer dos enunciados religiosos um possível objeto de demonstração manifesta que tomamos um discurso simbólico por um discurso explicativo, não entendemos o gênero literário do discurso simbólico.

O símbolo dá a pensar porque põe em marcha o pensamento, surgindo como mediação e interlocutor do tema da linguagem ao se expressar em um dizer que jamais se reduz ao dito. O símbolo dá a pensar e ajuda a viver melhor. Isto faz do símbolo o primeiro objeto hermenêutico que Ricoeur expressará com maior clareza ao estabelecer a metáfora como mediação privilegiada do símbolo. Em 1975, os estudos de Ricoeur sobre a metáfora[16] buscam clarificar conceitos importantes para a tradição hermenêutica e, a partir daí, fornecer aos estudos literários e à linguística uma conceptualidade capaz de enriquecer a análise do fenômeno religioso, notadamente em sua dimensão linguística. O uso da metáfora está associado à metáfora de sentido para um enunciado que parece não tê-lo, tendo por pressuposto que, para além de um não sentido aparente, um sentido inaudito pode surgir. Aos olhos de Ricoeur, o uso da metáfora somente tem valor em uma rede de intersignificações, na qual nos deparamos com a inovação semântica, a norma e a tradição.

A metáfora pede para ser interpretada, a fim de abrir ao intérprete a perspectiva de uma relação renovada com o mundo, uma redescrição do mundo que permite ao leitor escapar

[16] Paul Ricoeur, *La métaphore vive*, Paris, Seuil, 1975.

às evidências daquilo que se vê e lê. Para tanto, é importante considerar a contribuição das diferentes formas de simbolização do mundo, a importância das mediações linguísticas reconhecidas pela hermenêutica.[17] A metáfora é uma entidade linguística cuja existência exige o engajamento interpretativo de seu leitor, que deve inventar um sentido, mesmo sob o risco da traição. Para Ricoeur, as metáforas mostram que a linguagem não possui apenas a função descritiva e, ao renunciarem a descrição direta da realidade, introduzem uma inovação semântica: a referência metafórica aponta para o poder do enunciado metafórico de "re-descrever" uma realidade inacessível à descrição direta.[18]

Visto que ajuda a refigurar a vida, a dizê-la de outra maneira, a dar-lhe um novo sentido, a ideia de que o "símbolo dá a pensar" possibilita outra de enorme significância no pensamento ricoeuriano: o texto dá a pensar, põe em marcha um movimento interpretativo. No caso concreto da tradição bíblica, o texto dá a pensar em sintonia com o pensar a Bíblia.[19] Trata-se de pensar a Bíblia como espaço de certo possível; é tentar pensar a partir desse pensável (pensar biblicamente), tendo em conta a existência dos diferentes gêneros literários que compõem o corpus bíblico; é dar razão à pluralidade de tipos de representação do mundo, de Deus e do ser humano.

O otimismo antropológico que marca o trabalho de Ricoeur faz com que a ideia do "homem capaz" abra espaço

---

[17] Gilbert Vincent, *La religion de Ricoeur*, p. 49.

[18] Paul Ricoeur, *Temps et récit*, t. I, Paris, Seuil (Coll. Points Essais 227), 1983, 12.

[19] Paul Ricoeur & André Lacocque, *Penser la Bible*, Paris, Seuil, 1998.

para a reflexão sobre a competência humana para ler e interpretar. Essa competência, do ponto de vista da hermenêutica da linguagem religiosa, preconiza a capacidade para resistir à violência e à mentira, inclusive àquelas incentivadas pela religião; a capacidade para se interrogar e até mesmo ousar questionar respostas habituais e a qualidade ética das representações religiosas.[20] A história da humanidade mostra que a suposta ameaça do outro, do diferente, daquele que pensa e crê diferente de mim, conduz à busca das verdades contidas no corpus literário da tradição à qual se pertence. Isto com o intuito de legitimar o próprio ponto de vista e desacreditar o do outro, por vezes de forma autoritária e violenta. De certa maneira, porque a apropriação de determinado corpus literário pode ser inapropriada, pode até mesmo significar a deturpação do que vem a ser um texto e sua relevância para a compreensão da própria identidade religiosa que exige o sentido configurado pelo texto, exige o trabalho de interpretação.

Todo ato de leitura é, em parte, um exercício de liberdade, porque é uma exploração de significações que vão além do texto lido que está à mercê de uma releitura. O ato de leitura é a mediação entre o mundo do viver e o mundo do texto, o mundo de possibilidades de viver de outra maneira. A leitura é uma interrupção no mundo da ação e um reenvio a esse mundo. A leitura não é um lugar no qual o leitor se fixa, mas um meio que ele atravessa.[21]

---

[20] Gilbert VINCENT, *La religion de Ricoeur*, p. 33.

[21] Paul RICOEUR, *Temps et récit*, t. III, Paris, Seuil (Coll. Points Essais 229), 1985, 262.

Mas o que é um texto? Resumidamente, é todo discurso fixado pela escrita. Nesta fixação, o texto provoca um duplo ocultamento: o do leitor e o do escritor. O leitor está ausente no ato da escritura e o escritor está ausente no ato da leitura. Não há diálogo entre leitor e autor como no caso da fala. Por isso, como gosta de lembrar Ricoeur, ler um livro é considerar o autor como morto e o livro como póstumo. O que se deve interpretar, pois, em um texto? Esta pergunta insere-se no contexto de um antigo debate que por muito tempo foi colocado em forma de dilema: compreender a estrutura de um texto ou a intenção do autor?

O estruturalismo trata o texto como algo sem mundo, sem autor, e procura explicá-lo por meio de suas relações internas. O leitor posiciona-se no interior do texto que não possui um para-além-de-si-mesmo. O texto é somente texto e a leitura o habita como tal. Promove-se a suspensão de seu significado para nós hoje. No caso da narrativa, narrador e seu destinatário encontram-se no texto e jamais fora dele. Sem desconsiderar esta postura, tida como necessária, mas insuficiente, Ricoeur toma o texto como escritura que espera e exige o ato de leitura, o qual é possível porque o texto não está fechado em si mesmo. Ler é articular um discurso novo a partir do discurso do texto, porque este possui um caráter de continuidade, sendo a interpretação a realização concreta dessa articulação e dessa continuação. A interpretação de um texto se realiza na interpretação que um sujeito tem de si mesmo: alguém se compreende melhor, compreende-se de outra maneira ou começa a compreender-se. Desta maneira, a compreensão de um texto não é um fim em si mesmo, pois mediatiza a relação consigo mesmo de um sujeito que não tem acesso imediato ao sentido de sua própria vida.

A apropriação de um texto converte em contemporâneo e semelhante o que a princípio era estranho, era distante. Não se trata aqui de uma atitude psicologizante, da interpenetração de duas subjetividades. Além disso, a apropriação é todo o contrário da celebração de um eu narcisista, é na verdade despojamento do próprio eu, uma vez que o texto fornece um "si mesmo" ao leitor, transformando-o em um si mesmo como outro.[22]Interpretamos e atualizamos um texto quando nos apropriamos de sua proposição de mundo, sem, contudo, conceber a apropriação como posse, e sim como despojamento. Este processo hermenêutico desapropria duplamente o sujeito: promove a desapropriação de si diante da objetividade da obra, no caso o mundo do texto, desaloja o sujeito de sua identidade primeira para abri-lo a novas possibilidades de ser e agir no mundo. Por isso, *"a hermenêutica convida a fazer da subjetividade a última e não a primeira categoria de uma teoria da compreensão... Então, troco o eu, dono de si mesmo, pelo si, discípulo do texto"*.[23]

A leitura marca, pois, a atualização das possibilidades semânticas de um texto. Esta atualização é a condição de possibilidade da superação da distância cultural e a fusão da interpretação do texto com a interpretação de si mesmo. O texto atualizado encontra um contexto e um público ao qual se dirige, porque, além da dimensão estrutural, possui uma

---

[22] Paul Ricoeur, *Soi-même comme un autre*, Paris, Seuil, 1990.

[23] Paul Ricoeur, *Du texte à l'action. Essais d'herméneutique II*, Paris, Seuil, 1986, 54.

dimensão semântica (significação para alguém). E, fora da comunidade viva dos intérpretes que criam e recriam o texto pelo ato da leitura, o texto se assemelha a um cadáver entregue à autópsia de um simples método de análise estrutural que ignora, no corpo inerte, a face, sua capacidade para manifestar as marcas de uma história de vida. O texto é inseparável da comunidade viva de leitores, o que implica a abertura à maneira como se deu e se dá a recepção do texto ao longo da história que ele mesmo ajuda a tecer. Dizer inseparável não significa afirmar a impossibilidade ou mesmo a necessidade de o texto ser recontextualizado no mundo daquele que o interpreta. Trata-se de conhecer um texto em sua influência e interpretação na história, em um contexto mais amplo.

Um dos aspectos importantes da hermenêutica da tradição está no fato de ela pertencer à essência da história, o que não diminui a importância da irrupção do novo no processo histórico. Na compreensão histórica, é possível ultrapassar a tradição e remontar criticamente as fontes, e retificar concepções transmitidas. Todavia, a compreensão histórica não pode dissociar-se do arco hermenêutico formado pela tradição. Compreendemos melhor um texto a partir de suas repercussões e interpretações históricas. É ele quem fala em uma situação nova, responde a novas perguntas, desdobra seu sentido em um contexto novo e mais amplo. O texto diz algo a seu leitor, comunica um sentido que afeta seu modo de ser-no-mundo, interpreta sua existência do leitor, exige a abertura a novos horizontes de possibilidades por ele proporcionados. Ampliação que pode significar rupturas que se inserem em um movimento descrito por Ricoeur como refiguração da vida diante do mundo do texto.

Em Ricoeur, a noção de refiguração da vida humana diante do mundo do texto remete à ideia da tríplice mimese desenvolvida em sua obra *Tempo e narrativa*. A partir da articulação entre tempo e narrativa, emerge a noção de tessitura da intriga como a capacidade de tirar de uma diversidade de elementos uma história, de tecê-los em uma totalidade dotada de sentido, dando inteligibilidade à ação humana. Nesta tessitura, a atividade mimética ou imitação (mimese) significa a representação da ação por meio da linguagem.

O conceito de mimese é tomado em um de seus usos, o de imitação criativa da realidade ou de representação por meio da linguagem. É importante lembrar que, já em Aristóteles e muito mais ainda em Ricoeur, imitação não significa decalque do real e representação não é duplicação da presença. A atividade mimética produz alguma coisa de forma criativa ao tecer uma história sensata a partir de uma pluralidade de acontecimentos ou incidentes, história que demanda uma interpretação. Por isso, o texto também dá a pensar. A ideia de refiguração da vida por meio da interpretação do texto (histórico ou de ficção) é de vital importância para a compreensão da linguagem religiosa, pois é isso que ela faz: refigura a vida, dá-lhe um novo sentido, abre novas possibilidades de ser e existir no mundo, por meio da linguagem simbólica e metafórica.

Na ideia de tríplice mimese,[24] a mimese I (Prefiguração) significa que a composição da intriga está enraizada em uma pré-compreensão do mundo da ação, sendo esta pré-compreensão aquilo que será refigurado ao ser narrado. Dizer

---

[24] Paul Ricoeur, *Temps et récit*, t. I, p. 108-169.

pré-compreensão significa admitir uma avaliação já feita do mundo da ação e a ideia ou imagem dos seres humanos reais avaliados a partir de traços éticos. A mimese II é a obra tomada em sua composição ou configuração narrativa que, embora constituindo uma totalidade dotada de sentido, só ganha sentido pleno quando apreendida como mediação entre uma pré-figuração e uma refiguração ou na mimese III. É no ouvinte ou no leitor que se conclui o percurso da mimese. Ricoeur retoma o conceito de "fusão de horizontes" de Gadamer ao elucidar a mimese III e, ao fazê-lo, afirma que a obra oferece possibilidades para o exercício da imaginação produtora do leitor, a narrativa põe diante do leitor o mundo do texto como mundo possível de ser habitado.

3. A hermenêutica da linguagem religiosa

A clássica análise linguística, à qual menciona Ricoeur em seus escritos, faz a distinção entre sentido e referência. O sentido de uma expressão é imanente ao discurso, ao passo que a referência reenvia ao extralinguístico e constitui o valor de verdade da proposição ou sua pretensão de atingir a realidade. Isto distingue o discurso da língua, a qual não possui nenhum reenvio à realidade, não expressa o mundo no qual se vive.

No discurso oral, a questão da referência é facilmente resolvida, porque o locutor mostra a realidade a seu interlocutor, a seu ouvinte, graças à função demonstrativa (ou ostensiva) da linguagem. A presença do locutor e o sistema espaço-temporal comum a ele e a seus ouvintes permitem referir-se à realidade ausente a partir de referências precisas. O problema surge quando essa referência espaço-temporal comum e o locutor se tornam ausentes, quando o discurso se torna um texto: a função de mostrar própria à língua é desfeita e a referência ao real ordinário é, pelo menos em um primeiro momento, abolida. A tese defendida por Ricoeur é a da suspensão de uma referência de primeira ordem (locutor-ouvinte) como condição para que seja liberada uma referência de segunda grandeza, operada pela ficção e pela poesia.[25] Essa referência da ficção e da poesia é o problema central da hermenêutica para Ricoeur.

Herdeiro do conceito heideggeriano de *Verstehen* (compreender), Ricoeur afirma que compreender um texto não está mais associado ao tema da intersubjetividade, do compreender o outro (em sua concepção psicológica), mas, sim, à estrutura do ser-no-mundo. O compreender diz respeito ao estar projetado no mundo, projeção das possibilidades de existir. O que é dado a interpretar em um texto é justamente esse projeto de mundo, um mundo onde posso habitar e projetar meus possíveis mais próprios. É essa projeção de um mundo de possibilidades que Ricoeur chama de mundo do texto.

O mundo do texto, objeto da hermenêutica, não é o mundo do discurso quotidiano, mas aquele metaforizado pela ficção e pela poesia, que apresentam novas possibilidades de ser-no-mundo, precisamente em forma de possibilidades, e não de dados brutos, conceitos. Essas novas possibilidades de existir encontram na ficção, articulada à função poética de re-

---

[25] Ver as análises do quadro de Rembrandt: "Aristóteles contemplando o busto de Homero".

dizer o mundo, um instrumento privilegiado de redescrição da realidade que Ricoeur aborda ao considerar o conceito de mimese em sua reflexão em torno da arte poética de Aristóteles. Mimese no sentido de imitação criadora da realidade, e não como mera duplicação do real.

Para Ricoeur, os textos religiosos fazem parte de uma categoria comum de textos poéticos que, em sua diversidade, procuram redescrever a existência humana. Todavia, qual seria a especificidade dos textos religiosos no contexto dessa propriedade comum a outros textos? No caso concreto dos textos bíblicos, essa especificidade está na referência ao nome Deus no espaço próprio ao corpus dos textos bíblicos.[26] A particularidade da hermenêutica bíblica está no fato de o ser novo (como projeção do mundo do texto) somente poder ser encontrado na palavra do texto bíblico. E sua singularidade está no fato de todos os discursos parciais se reportarem a um nome que coincide com um evento de sentido anunciado como ressurreição. No Cristianismo, o nome Deus se refere ao nome Jesus Cristo.

Se na hermenêutica filosófica de Ricoeur o paradigma do texto significa uma reorientação da hermenêutica, esta mesma ideia de texto não deixa esquecer que um dos grandes desafios da hermenêutica consiste em interpretar interpretações da realidade. A escrita é uma forma de interpretação e redescrição da existência humana, e não somente a partir do logos, da razão, mas também do mito e do símbolo, o que exige descobrir um sentido oculto para além do manifesto.

---

[26] Paul RICOEUR, *Lectures 3*, p. 281-305.

Isto vale de modo especial para a linguagem religiosa, que, diferentemente da científica (no sentido empírico-formal), não apresenta sua proposição de mundo em forma de dado mensurável, mas, sim, como uma possibilidade de ser, de existir. Neste sentido, o intérprete dos textos religiosos não deve limitar-se a descobrir o que está escrito, sua tarefa primeira está em olhar para onde o texto aponta. Daí que interpretar e compreender a Palavra de Deus tecida nos textos consistem em seguir a direção para qual seu sentido indica ou orienta.

A constituição hermenêutica da linguagem religiosa passa pelo mundo do texto e por sua apropriação, uma vez que a relação entre palavra e escritura está na origem de todo problema de interpretação. A nós hoje somente é possível crer lendo, ouvindo e interpretando um texto que já é em si mesmo uma interpretação: crer é interpretar.

A fé religiosa acontece, pois, na nova existência que o mundo do texto possibilita, configurando-se em algo irredutível a qualquer forma de tratamento linguístico e, portanto, encontrando-se no limite de toda hermenêutica. O movimento ininterrupto da interpretação tem seu início e seu termo no risco de uma resposta que nenhum comentário pode gerar ou esgotar, risco entendido como uma nova possibilidade de existir.[27] Apesar de a experiência religiosa não se esgotar na linguagem que a expressa nem ser totalmente apreendida no ato da interpretação, Ricoeur nos lembra de que:

[27] Paul RICOEUR, *Du texte à l'action*, p. 130.

> a "preocupação última" permaneceria muda se não recebesse o poder da palavra de uma interpretação recomeçada sem cessar, dos sinais e dos símbolos que educaram e formaram esta preocupação ao longo dos séculos. O "sentimento de absoluta dependência" permaneceria um sentimento sem força e desarticulado se não fosse a resposta à proposição de um novo ser que se abre a novas possibilidades de existir; a esperança, a confiança incondicional, estaria vazia se não estivesse apoiada na interpretação dos acontecimentos-sinais de libertação que abrem e descobrem o possível mais próprio de minha liberdade e, assim, tornam-se para mim palavra de Deus.[28]

A reflexão de Ricoeur em torno da linguagem religiosa é perpassada pela questão de se essa linguagem, a partir de seus símbolos e textos, continuará a "dar a pensar" às novas gerações possibilidades para dialogarem e se compreenderem mutuamente. A resposta afirmativa a essa indagação é sem dúvida uma das motivações de sua hermenêutica filosófica. A compreensão dessa motivação em Ricoeur exige retomar, pelo menos, o entrelaçamento entre dois aspectos de sua hermenêutica: a nomeação de Deus e a ideia de revelação como manifestação.

No que concerne ao texto bíblico, a proposição de mundo que se chama novo mundo, Nova Aliança, Reino de Deus, novos céus e novas terras, é o mundo do texto bíblico desvelado diante do texto. A ideia de revelação como manifestação de um mundo onde podemos habitar, ou seja, seu sentido

[28] Idem, ibidem, p. 131.

arreligioso, restitui a dignidade da concepção bíblica de revelação. Isto porque se distancia de uma visão psicologizante de revelação, vale dizer, da noção de inspiração bíblica, entendida como insuflação da palavra no ouvido de um escritor. O sentido arreligioso de revelação como manifestação de um mundo de possibilidades possui, portanto, um valor corretivo face a uma concepção opaca de revelação, correção que se configura crítica a uma dupla pretensão:

> se a pretensão inaccitável da ideia de revelação é aquela de um sacrifício intelectual e de uma heteronomia total sob o veredicto de um magistério de última instância, a pretensão contrária da filosofia é aquela de uma transparência total da verdade e de uma autonomia absoluta do sujeito pensante.[29]

Ambas as pretensões, da ideia autoritária de revelação e da filosofia, abrem um abismo intransponível entre as "verdades da fé" e as "verdades da razão". Entretanto, a noção de manifestação, mesmo no sentido arreligioso do termo, viola a ideia de verdade objetiva, mensurada pelo critério da verificação e da falsificação empírica (empírico-formal), e coloca igualmente por terra a autonomia do sujeito pensante tida como consciência mestra de si mesma, uma consciência que se autoconstitui.

---

[29] Paul RICOEUR, "Herméneutique de l'idée de Révélation", in Paul RICOEUR et alli., *La Révélation*, Bruxelles, Facultés Universitaires Saint Louis 7 (1977), 35. Ver esse mesmo artigo em Paul RICOEUR, *Écrits et conférences 2. Herméneutique*, Paris, Seuil, 2010, 197-269, com as excelentes notas de Daniel Frey e Nicola Stricker.

Esta maneira de conceber a revelação em sintonia com a noção de manifestação que se dá no mundo do texto traz como consequência uma nova compreensão do conceito de verdade:

> verdade quer dizer não mais verificação, mas manifestação, isto é, deixar ser isto que se mostra. Isto que se mostra é a cada vez uma proposição de mundo tal qual eu possa habitá-lo para nele projetar um de meus possíveis mais próprio. É neste sentido de manifestação que a linguagem, na função poética, é a sede de uma revelação.[30]

A fé religiosa é vivida na constante tensão entre a iniciativa divina, sua manifestação na história, e a liberdade humana, que é chamada a interpretar essa manifestação. O movimento interpretativo que conduz a habitar o mundo que se desvela diante do texto faz emergir a noção de apropriação como "o ato de compreender-se diante do texto".[31] Todavia, este ato de compreensão não consiste em impor ao texto nossa capacidade finita de compreendê-lo, mas, sim, de se expor ao texto e receber dele uma possibilidade de ser mais vasta do que se possuía antes de sua leitura. A compreensão se mostra o contrário de uma ação da qual o sujeito é o fundamento último. E esta maneira de conceber a compreensão de si diante do texto coloca em marcha um desprendimento da consciência de sua pretensão de se constituir nela mesma e a partir dela mesma toda a significação.

---

[30] Paul Ricoeur, *Herméneutique de l'idée de Révélation,* p. 41.

[31] Paul Ricoeur, *Herméneutique de l'idée de Révélation,* p. 46.

A nomeação divina somente é possível a partir da história, da revelação divina na história da humanidade. Deus somente pode ser nomeado a partir das experiências históricas feitas com Ele, experiências que são de uma ou outra maneira qualificadas por sua presença, como relembra Ricoeur: *"nomear Deus é, na melhor das hipóteses, uma atividade poética sem incidência sobre a descrição, isto é, sobre o conhecimento verdadeiro do mundo"*.[32]Sem querer com isso atribuir uma função apenas emocional ao discurso poético ou reduzir a função referencial do discurso descritivo. A experiência religiosa se dá na realidade histórica, e esta supõe o critério hermenêutico, pois não se trata de observar dados brutos, mas de descobrir o sentido dos fatos, o sentido da vida, a partir dessa manifestação divina.

Nesta linha de raciocínio, é possível afirmar que as experiências religiosas ligadas às tradições monoteístas são veiculadas por um substantivo singular, Deus, em torno do qual se cristalizam desejos e tendências (sociais e históricas) profundas do ser humano. A presença e a manifestação do Sagrado na história não podem ser algo estranho ao ser humano e devem sempre estar relacionadas a uma experiência humana. No ser humano, já devem existir as condições de possibilidade para que se possa crer em Alguém que se lhe revela nas experiências historicamente situadas. Querer nomear Deus desde fora, como se Deus vivesse num lugar isolado, longínquo, de quem o ser humano jamais houvesse escutado a voz ou experimentado sua presença, e que mesmo assim devesse aceitar como existente, real, verdadeiro, é não compreender o alcance simbólico

---

[32] Paul RICOEUR, *Lectures 3*, 286-289.

e metafórico da linguagem religiosa. E a acolhida da revelação do Sagrado na história como uma experiência humana supõe a busca por sentido, a busca humana por sentido na vida, sem que isto seja imputado ao ser humano como um constrangimento a sua liberdade.

A abordagem filosófico-hermenêutica da linguagem religiosa, frente às urgências do pensamento contemporâneo, exige a compreensão da primazia de Deus e do papel da liberdade humana na experiência religiosa em que se configura o ato de crer, uma vez que a relação entre a primazia divina e a liberdade humana muitas vezes se vê cativa de um dilema oriundo da Ilustração: ou Deus ou o ser humano. A saída desse cativeiro não é o caminho que conduz à fuga do problema que ele anuncia – a rivalidade entre Deus e o ser humano –, mas, sim, outro caminho, aquele em que o ato de fé expressa a realização do humano e a condição de criatura em si mesma não se manifesta como um obstáculo à relação com Deus.

Entretanto, o respeito pela liberdade e autonomia do sujeito, do fiel que professa sua fé, não se contradiz com o fato de que nomear Deus a partir da própria experiência somente é possível porque tal nomeação já aconteceu por meio dos textos que fazem parte da tradição que precede a experiência religiosa individual.[33] E isso na certeza de que tal anterioridade não anula a liberdade do ser humano, porque, sendo "ouvinte da palavra", aquele que crê é chamado a interpretar aquilo que lhe é dito, transmitido por outros que lhe antecedem na

[33] Paul RICOEUR, *Lecture 3*, p. 289.

confissão de fé. Mas escutar uma tradição requer a renúncia da ideia de autonomia, tida por autossuficiência, isto é, a renúncia de colocar o sujeito como início absoluto do conhecer.

Assim, a nomeação de Deus, como caracterização da fé religiosa e daquilo que a distingue da fé antropológica, somente é possível na articulação entre a experiência pessoal, a tradição que fornece o instrumental linguístico para dizer Deus e a autonomia do sujeito como ouvinte e intérprete da Palavra. Isto sem que Deus deixe de ser a realidade infinita e o mistério absoluto e sem que o ser humano deixe de ser uma realidade singular, autônoma e livre diante do próprio Deus.

Conclusão

Para uma hermenêutica filosófica como a desenvolve Ricoeur, a fé religiosa não aparece jamais como uma experiência imediata, mas sempre como uma experiência articulada em uma linguagem. Mesmo a chamada consolação sem causa, proveniente da ação imediata do Criador com sua criatura, um legado da mística ocidental cristã ganha sentido para si e para os outros ao ser elevado ao nível da linguagem, mediado por símbolos e palavras. Além disso, a fé religiosa é a atitude daquele que se deixa interpretar ao interpretar o mundo do texto, daquele que decifra a própria vida no espelho das palavras dos textos. Entretanto, a fé religiosa não se reduz ao que ela diz, nela também é fundamental o que ela permite fazer. A fé religiosa está associada à coragem de decidir, de se engajar em face de algo ou alguém, apesar de todos os obstáculos, engajamento que converte as razões de desesperar em razões de esperar, como afirma Ricoeur.

A partir de suas expressões simbólicas e textuais, a linguagem religiosa tem a possibilidade de levar aquele que dela se apodera à tolerância no diálogo entre as tradições religiosas. Ou, como costuma dizer Ricoeur, ajuda a suportar aquilo que não podemos impedir, a reconhecer o direito do outro de professar aquilo que acredita ser verdadeiro, a creditar ao outro uma parte da verdade à qual não tenho acesso e, enfim, no cerne de minha própria convicção, reconhecer que há algo que não domino e escapa, que excede minha capacidade de acolher e de compreensão.

Eis, a meu ver, a maneira como o trabalho filosófico de Paul Ricoeur pode contribuir com a apreensão do significado hermenêutico da linguagem religiosa.

Referências bibliográficas

Gilbert VINCENT, *La religion de Ricoeur*, Paris, Les Éditions de l'Atelier / Éditions Ouvrières, 2008.

Jean GREISCH, *Paul Ricoeur. L'itinérance du sens*, Grenoble, Éditions Jérôme Millon, 2001.

Paul RICOEUR & André LACOCQUE, *Penser la Bible*, Paris, Seuil, 1998.

Paul RICOEUR, "Herméneutique de l'idée de Révélation", in __________. *Écrits et conférences 2. Herméneutique*, Paris, Seuil, 2010, 197-269.

__________. *De l'interprétation. Essais sur Freud*, Paris, Seuil, 1966.

Paul Ricoeur. *Du texte à l'action. Essais d'herméneutique II*, Paris, Seuil, 1986.

__________. *Idéologie et l'utopie*, Paris, Seuil, 1997.

__________. *L'herméneutique biblique*, trad. François-Xavier Amherdt, Paris, Cerf, 2005.

__________. *L'unique et le singulier*, Liège, Alice Editions, 1999.

__________. *La métaphore vive*, Paris, Seuil, 1975.

__________. "La philosophie et la specificité du langage religieux", in *Revue d'histoire et de philosophie*, 55/1 (1975): 13-26.

__________. *Le conflit des intérpretations. Essais d'herméneutique*, Paris, Seuil, 1969.

__________. "*Le scandale du mal*", *Esprit* 140-141 (1968): 62.

__________. *Lecture 1. Autour du politique*, Paris, Seuil (Coll. Points Essais 362), 1991.

__________. *Lectures 3. Aux frontiers de la philosophie*, Paris, Seuil (Coll. Points Essais 541), 1994.

__________. *Philosophie de la volonté* (vol. 1 e 2), Paris, Aubier, 1988.

__________. *Philosophie de la volonté. Finitude et culpabilité*, Paris, Éditons Points, 2009.

__________. *Soi-même comme un autre*, Paris, Seuil, 1990.

__________. *Temps et récit*, t. I, Paris, Seuil (Coll. Points Essais 227), 1983.

__________. *Temps et récit*, t. III, Paris, Seuil (Coll. Points Essais 229), 1985.

Palavras finais

Paulo Sérgio Lopes Gonçalves

Ao final desta obra, impõe-se a necessidade de afirmar algumas "palavras finais" sem a pretensão de encerrar a investigação ou esgotar o conteúdo da filosofia da religião. Na realidade, seria falsa a pretensão de encerramento do assunto, em função de que se objetivou apresentar a relevância e a pertinência da filosofia da religião, privilegiando a vertente hermenêutica de análise filosófica da religião, embora Nietzsche não possa ser considerado propriamente um representante dessa vertente. Nesse sentido, outras possibilidades já foram desenvolvidas e poderão ser novamente desenvolvidas, sob outros enfoques e com abordagens específicas. Mesmo a vertente privilegiada poderá adquirir novos contornos, por outros filósofos, ou ainda ser desenvolvida a partir de um tema específico e pontual.

A partir do objetivo exposto, apresentou-se, no primeiro texto do livro, uma visão geral, contundente e precisa do estudo filosófico da religião, em que se apontou o caráter específico da filosofia na análise da religião e o despontar da perspectiva hermenêutica para propiciar o diálogo que manifesta a verdade. No âmbito específico, apresentou-se a visão nietzschiana da religião, a partir da afirmação de como a religião é desenvolvida nos três períodos da obra de Nietzsche, pelos quais se realçam o niilismo e a vontade potência. Com isso, a análise filosófica da religião está relacionada à vida, à simultaneidade da destruição e da construção de valores, à libertação das prescrições dogmáticas que aprisionam o homem, à afirmação do homem centrado em sua vida.

O texto que apresenta a análise heideggeriana confirmou a centralidade da vida para analisar filosoficamente a religião. Dessa forma, filosofia e fenomenologia se identificam, e a análise filosófica da religião só é possível quando se analisa a religião como experiência de vida. Disso resulta o mérito heideggeriano em se debruçar sobre o livro X das *Confissões* de Santo Agostinho, porque nele o presente da vida do pensador de Hipona era narrado com amparo no passado retomado e no futuro antecipado, cuja consistência estava na memória. Por isso, a experiência religiosa não se desvincula da experiência fática da vida, com sua decadência e seu acesso, implicando que o homem mergulhe no mundo em que habita e que cuide para que Deus seja buscado neste mundo em que esse mesmo homem reside. Nesta perspectiva de uma hermenêutica do mundo, situa-se o texto sobre a hermenêutica ricoeuriana da religião, cuja referência fundamental está na linguagem religiosa. A linguagem é o canal pelo qual o homem reside e se exprime, enquanto sujeito que experimenta um mundo – religioso –, dando-lhe um significado, que é manifestado nas diversas formas de expressão linguística. Considerando o caráter comunicativo da linguagem e à luz da hermenêutica que circunda sua compreensão, abre-se a possibilidade de realizar a fusão dialógica de horizontes das tradições religiosas, como forma de compreender, interpretar e crer.

Em todos os textos apresentados, a centralidade da vida é crucial para a compreensão filosófica da religião. Não há como conceber a religião sem sua conotação de experiência religiosa, de confrontação do homem com a realidade de sua vida, de abertura a novos horizontes vitais. Isso significa que a religião não se reduz a prescrições morais, dogmáticas, jurídicas ou a sistemas fechados, mas ela se efetiva na pluralidade de experiências religiosas que podem institucionalizar-se ou permanecer no âmbito da singularidade da existência humana. Dessa maneira, a religião mantém o homem em um percurso de busca de sentido à própria existência, propiciando que ele mergulhe na realidade mundana, confronte-se com ela, experimente-a sem fugir do mundo, mas abraçando-o tal como ele se manifesta, porque a verdade religiosa é manifestação reveladora de uma experiência de encontro do humano com o divino, marcado pela tensão e pela liberdade que tal encontro requer.

Ao conceber a religião como experiência de vida humana, a função da filosofia é a de efetivar um pensamento sobre a religião que não seja para destruí-la definitivamente, mas para ativar a simultaneidade nietzschiana de destruição e construção, para clarificar o sentido existencial da vida, para apresentar a linguagem religiosa como constitutiva de vida e que, por isso, necessita sempre de ser compreendida e interpretada. Em uma época em que o pensar fragmentado e parcial aumenta seu campo de ação, porque se apresenta como um pensar eficiente e técnico, e em que o homem grita de saudades da divindade perdida e reclama a necessidade de retorno do que se perdeu, e em que se apela a uma emotividade religiosa, a filosofia tem a tarefa de se apresentar como um pensamento de meditação sobre o sentido da vida humana, na qual a religião se manifesta. E, enquanto pensamento meditativo, a filosofia está simultaneamente próxima e distante da religião: pela proximidade, supera os preconceitos em relação à religião e passa a ter com ela uma relação afetiva; pelo distanciamento, a filosofia não se deixa conduzir pela emotividade e mantém-se firme como razão que pensa o todo, para que, com sua luz crítica e profunda, contribua para que o homem se torne cada vez mais humano e que seu encontro com o divino não seja marcado pelo medo, mas pela liberdade, ousadia e abertura ao *novum*.

Impressão e acabamento
Gráfica e Editora Santuário
Em Sistema CTcP
Rua Pe. Claro Monteiro, 342
Fone 012 3104-2000 / Fax 012 3104-2036
12570-000 Aparecida-SP